一根针的力量

胡敏／著

The Power
of
A Single Needle

中国青年出版社

（京）新登字083号

图书在版编目（CIP）数据
一根针的力量 / 胡敏著. --北京 :
中国青年出版社，2012.9
ISBN 978-7-5153-1032-9
Ⅰ. ①一… Ⅱ. ①胡… Ⅲ. ①成功心理－青年读物
Ⅳ. ①B848.4-49

中国版本图书馆CIP数据核字(2012)第200250号

责任编辑：彭明榜
装帧设计：孙初＋林业

中国青年出版社 出版 发行
社址：北京东四12条21号
邮政编码：100708
网址：www.cyp.com.cn
编辑部电话：(010) 57350506
门市部电话：（010）57350370
三河市世纪兴源印刷有限公司印刷　　新华书店经销

700mm×1000mm　1/16　11印张　112千字
2012年9月北京第1版　2012年9月河北第1次印刷
印数：00001——15000册
定价：25.00元

自 序

生命中似乎总会有一种力量促成某种巧合。

当我从书柜里翻出自己出版过的励志书籍《坚持者赢》后，我找到了这种巧合。这种巧合就是《一根针的力量》与《坚持者赢》这两本小集子，正是我过去几年行走在各大校园里演讲的“目标+专注+坚持=成功”的写照。它们见证着这些年我与莘莘学子携手而行的思考，而这种力量就是传道授业解惑。

书的结集出版，正值伦敦奥运会期间，大家都在为运动员们赛场上的出色表现而欢呼。在我看来，在奥运会的赛场上，除了掌声，还有一道最深入人心的风景，那就是泪水。那些泪水更多的不是因为没有站上奥运领奖台而遗憾、后悔，而是因为收获。他们为自己曾经付出的常人难以想象、难以企及的努力而感动，这是幸福的泪水，也是人生最重要最辉煌的时刻，在那一刻他们的青春得到怒放，梦想得以实现！但是又有谁知道他们泪水背后那10年甚至20年艰苦训练的煎熬？他们需要忍受孤独、痛苦，他们在遇到困难的时候依然坚持，他们长年累月专注于一个比赛项目的训练……有位运动员曾经在比赛中失利过，但是她没有放弃，她专注于自己的强项，最终获得金牌。记者采访时她说：“我不和别人比幸运，我跟别人比坚持。”

年轻的朋友，并不是每一个人都要有冠军的梦想，但是我相信每一个人都渴望在自己的人生舞台上舞出精彩。不论我们选择什么样的人生，在人生的这部书里我们都将经历由薄到厚，再由厚到薄的过程：小时候懵懂、天真，我们会经历失败；在磕磕碰碰中成长起来，会总结经验教训，发现这本书越读越厚；然而，年长了经验丰富了，经历的事情越来越多之后我们会发现其实人生成功的道理都是很简单的，这时人生这本书浓缩成了精华。成长不外乎就是树立目标，然后去思考如何实现这个目标，然后采取行动，艰辛付出，再循环往复就组成了人生。

《一根针的力量》是继《坚持者赢》后，近两年来我对于生活、学习与人生经历的新的思考与总结，更是我所接触的众多青年朋友成功突围人生的案例注脚。希望借书以晓谕青年朋友在成长的道路上少走一些弯路，这就是出版这本书的初衷。我希望大家即将翻阅的是一种思想与积累，而去传递的是一种精神与信念。

在今年的一次讲座结束后，有个学生在微博给我留言：“胡老师，那天没拿到您的书所以没要到签名，但我的一位朋友拿到了您的签名。她跟我说了一个细节：您在每签一个名时都抬头看同学一眼，且写字很用力度……真心地觉得您是一位很好的师长。”我感动，这位同学如此细致的观察；我感恩，这么多年自己在传递梦想与成功之道。这就是我的目标，这就是我的坚持，这就是我的专注！

年轻的朋友，你呢？请从今天开始，写下你的梦想，凭坚持去实现目标，靠专注去书写传奇！

2012年8月8日

目 录 CONTENTS

像苹果一样与众不同

大学里到底应该学些什么

一根针的力量

除了鹰，世界上还有一种动物能到达金字塔顶，那就是蜗牛。蜗牛能到达金字塔顶，是靠它永不停息的执着精神，这才是它的惊人之处。

过程与梦想同样精彩

不论你是即将踏上职场，还是一名职场老将，如果职业目标是既定的，如果人生的梦想是既定的，那么我们此刻所需要做的，就是用属于自己的快乐方式去开启成功之旅！

春游回来，听同事们闲谈爬山的乐趣。在此次春游中，我们组织了分组登山比赛。有人说："我们组是最先爬上山顶的，太累了！"有人说："我们一直在追赶前面的队伍，力争第一个爬到山顶，结果还是没有追上，也没顾得上驻足欣赏沿途的风景。"而有一组人则说："我们组虽然不是第一，但是我们边爬边拍照留念，欣赏风景，我们享受着整个旅途的愉悦。"

我想这三个小组中，收获最大的应该是第三组，因为他们既爬上了预定的山顶也欣赏到了沿途美丽的风景，从他们翻看彼此相机的留影时流露出的激动和惊喜表情就能看出来。而第一组虽然是第一个爬到山顶的，但他们没有欣赏到美丽的风景，他们把旅游当作了一次比赛，而忘却了旅行的真正意义；第二组估计是最没有收获的，也许他们最累、着急追赶，却既没有达到预定的目标，也没有欣赏到沿途风景。

人生就像旅行。近30年的职场磨练与创业经历，让我越来越明显地感觉到，每个人的职业生涯其实就像一次旅行，个人职业生涯的发展就是人生跌宕的浓缩。三种不同的登山旅行恰似我们在职业生涯上可能面临或身处的不同经历。

有些人，只顾追求事业，忘我工作，结果无法兼顾家庭与生活，甚至“过劳”。尽管他们最终可能在事业上达到自己预期的顶峰，却也为此付出巨大的代价，甚至不知道追求到的是不是自己真正想要的。正如黎巴嫩著名诗人纪伯伦所言：我们已经走得太远，以至于忘记了为什么而出发。据2010年《中国城市白领健康白皮书》显示，76%的白领处于亚健康状态，而北京、上海等一线城市中，白领“过劳”接近六成，而追求高收入，往往成为大城市白领“过劳”的主因之一。“长期加班、因病去世，风华正茂的民营企业家猝死……”等类似的事实，相信我们也早有耳闻。起初，每一个人都奔着“生活的理想，就是理想的生活”而去，结果到后来才发现，我们既偏离了生活的理想，而又没有得到真正理想的生活。

有些人，盲目地追求成功，却缺乏自我职业生涯规划。哪个职业有发展前景就去尝试哪个职业，哪个行业有发展潜力就投身到哪个行业中，在职业发展之路上左右摇摆，被拖得很累。他所从事的职业，很可能既不是自己喜欢的，也不是自己擅长的，他只是人云亦云、随波逐流，以追求短期物质需要为目标，不曾花点心思和精力来思考自身在职场中应该打造的核心竞争力。在他们的眼中，工作就是一个接一个的挑战和任务，最后可能既无法取得物质上的成功，也无法在职业生涯上取得持续发展。杜克大学行为经济学教授丹·艾瑞里在《怪诞行为学》中提到：“英国一些阔绰的绅士夏季每天驾着四套马车沿大路跑上二三十英里，这样做会花掉不少钱；可如果付钱雇他们驾车载客，消遣变成了工作，他们是不愿干的。”任何一件事情，如果将其当作工作来完成，那过程是痛苦的；如果工作是自己兴趣所在，那完成的过程将是快乐的。而我们的“锚”应该是自我满足的需要，而不是片面的物质追求。试想：是心无旁骛、执着目标更容易获得成功，还是心系万千、左顾右盼更容易实现目标呢？

第三类人，他们既享受了职业过程，又达到了人生目标。他们目标明确，内心渴望，享受职业。美国地产大亨唐纳德·特朗普曾说：“你必须爱上你的工作，否则，无论你做什么，一生都难以成功。如果热爱自己所从事的工作，就会更加努力地尝试；工作就会越做越好，生活也会有滋有味。”而他之所以能屡屡在美国地产界创造奇迹，正是与他这种职业追求分不开。他个人接下纽约中央公园的沃尔曼溜冰场工程，目的是希望在曼哈顿心脏地带为人们提供一个完美的休闲中心，为了给纽约市节约时间和金钱。他的动因就是奉献一点什么，而不是为了挣钱。他在第一本书《交易的艺术》中写道：“我不是为了钱而做事情的，我的钱已经够多了，多到几辈子都花不完，我是为了做事而做事。”在他看来，他在地产界的工作和事业，就如“画家在画布上描绘出美丽的图画，诗人写出优美的诗句”那样，人与作品，人与工作已经融为一体，而他既获得了成功，又享受着取得成功的快乐。

职业目标是唯一的，实现目标的过程可以充实而快乐。“辛苦并快乐着”，这是40岁创业时我跟创业团队分享的一句话。因为可以肯定，大家之所以能够走到一起组成一个创业团队，就是为了同一个教育梦想。然而梦想的实现不可避免地会遇到挫折和困难，它们两者相生并存。在我看来，如果创业辛苦但不快乐，那么创业是失败的；但如果是辛苦并快乐着，就说明创业的选择是正确的。

辛苦并快乐着，过程与梦想应该同样精彩。不论你是即将踏上职场，还是一名职场老将，如果职业目标是既定的，如果人生的梦想是既定的，那么我们此刻所需要做的就是用属于自己的快乐方式去开启成功之旅！

少即是多

智慧的人生就是一个由多到少的过程，在工作、生活、事业中，我们曾经以为复杂的那些成功法则，多年后你会发现其实都很简单。

我们生活在这样一个年代：因为害怕错过什么，所以我们渴望获得更多瞬息万变的信息以应对变化；在熙熙攘攘的人群中，我们总是试图加快脚步以便挤出时间将工作做得更好、获得更多回报，却常常忘记人生的初衷；我们曾经扬言“生活的理想，就是为了理想的生活”，然而在现实的纷扰下，我们却迷失了自我……

这就是我们生活的写照，我们最大的苦恼是信息太多、诱惑太多；我们最大的难题是选择太多、无所适从。我们一直在求快、求多，然而，多真的就意味着好么？

2011年诺贝尔文学奖获得者不是小说作家也不是散文大家，而是80岁的瑞典诗人托马斯·特兰斯特勒默。通常我们以为获得诺贝尔文学奖至少需要长篇巨著、卷帙浩繁，恰恰相反，托马斯·特兰斯特勒默以简练的文字摘得了世界文学桂冠。据评审委员会介绍：“特兰斯特勒默的诗集有一个特点：显现为简练、具体而苦涩的隐喻……他的诗凝练而通透，在他最近的诗集中，特兰斯特勒默的风格已经转变，篇幅更为简短，凝练程度更高。”国内众多诗评家在评价特兰斯特勒默的诗歌时提到“作品多短小，但精炼而意繁，真正达到了‘少就是多’”。事实上，特兰斯特勒默从1954年发表处女诗集《17首诗》至今，共发表163首诗，大多为短诗。正是对文字精准的极端强调，特兰斯特勒默四到五年出一本诗集，每本诗集一般不超过二十首诗，平均一年写两到三首。优秀的作者在权衡质与量时，一定是善于将“质”放在首要考核要素的人；优秀的作品也绝不是通过量产而来，而是经过千锤百炼的去粗取精而成。

人生其实就像一个雕塑艺术品的过程，美丽与否在于你如何将那些影响美丽的因素剔除，正如米开朗基罗所说：“美就是净化‘过剩’的过程。”智慧的人生就是一个由多到少的过程，在工作、生活、事业中，我们曾经以为复杂的那些成功法则，多年后你会发现其实都很简单。

我相信绝大多数人看到或者接触到苹果产品时，第一感觉是：简单！而当你真正使用苹果产品的时候，你一定又会感受到这种简单背后功能的强大。事实就是如此，强大的功能并不影响产品的简单呈现，简洁被认为是苹果最为普遍的美学特点。一直以来，乔布斯都专注于打造简洁的产品，这种对于“少”的追求已经延伸到产品之外。乔布斯1997年回归苹果继任首席执行官后，一上任就迅速通过“砍掉70%的项目，留下30%精华”的方式来确定主打产品，进而砍掉了近90%没有特色的业务和产品，陆续专注于iMac、iPod、iphone、ipad等产品和项目的研发。从苹果产品的设计、包装到网站的功能，在苹果的世界中，创新意味着消除多余的元素，进而凸显必要的元素。乔布斯是敢于“对一千件事情说不”的人，尽管很多决定在当时难以作出，但一个个产品的热销事实证明，这些对于“少”的追求在今天看来无疑是十分明智的。

"Less is more."（少即是多）其实最初是由德国建筑大师密斯·凡德罗提出的设计哲学。他的设计作品中各个细部精简到不可再精简的绝对境界，不少作品结构几乎完全暴露，但是，正因为如此，它的作品才更显得高贵、雅致，而结构本身也已升华为建筑艺术。西格兰姆大楼为世界上第一栋高层的玻璃帷幕大楼。内部不少设施也由密斯·凡德罗与他的徒弟菲利浦·约翰逊一手包办。大楼前的广场约占地基一半，这在当时也是创举，集中展现了密斯·凡德罗所提出的“少即是多”原则。这种“少即是多”的设计理念影响了一代建筑设计，甚至延伸到了人类其他各个领域的设计。事实上，密斯·凡德罗并没有受过正式的建筑学教育，他的建筑思想是从实践与体验中产生的，而正是这种实践体验让他理解了设计的本质。“少”不是空白而是精简，其实，“少就是多”的内涵，我们可以很轻易地从几千年的中国传统美学中品味出来，国画大师最有意境的东西往往不是涂满笔墨的画卷，而是在于一大片留白之中那醒目的几笔。

多并不意味着好，“五色令人目盲，五音令人耳聋，五味令人口爽”；恰恰相反，“大音希声，大象无形”，少总有一种无形的力量。

因为太多的诱惑，我们都在奔跑，筋疲力尽，但遗憾的是不知道为什么奔跑；因为对于多的苛求，我们都在拼搏，蓦然回首，却发现我们需要把握住的其实很少。少是一种追求，少是一种智慧，少是一种本质。不论是对于文学的追求，还是在商业上的取舍，抑或是建筑与艺术上的造诣；不论是生活、工作还是事业、人生，有一种力量，只要我们转过身就能发现——少，就是这种力量！

回归理想

让人生重回理想，这个理想不需要像“活着就为改变世界”这样伟大，但是在每一个人的内心深处，一定要有自己的理想，哪怕很小，但只要我们精心去耕耘，不为世俗所左右，终有一天，我们会收获到理想所带来的满满幸福！

不论是街道上熙熙攘攘的青年朋友，还是在幽静胡同里年复一年倾听暮鼓晨钟的耄耋老人，究其人的一生，其实就是追求理想的一生。

关于理想，通俗地说其实就是一个“活着是为什么”的问题。因为追求理想，我们才思考“怎么做”才能实现理想和为了实现理想我们需要“做什么”。然而，如今我们面临的最大问题是思维习惯与行动上的颠倒，绝大多数人都知道自己在做什么、怎么做，到头来却不知道为什么做。我们并不开心，并不幸福，甚至发现现实与理想背道而驰。

看过电影《阿凡达》后，可能我们都会在心底发问：为什么同样的故事情节，中国就制造不出如此有影响力的影片？有些人认为是因为美国的影片投入大，都是大制作，于是这几年国内在制作上也投入了大量成本，空前的大场面、大制作，为了吸引观众而将之前的平面电影翻拍成3D电影，却依然无法获得观众好评、国际认可。为什么？一部好的影片无关浩大的场景、华丽的包装。《阿凡达》制片人乔恩·兰道在接受中国媒体采访时说："即使面对商业化、高科技的冲击，好莱坞多数制作人仍在坚持这样的理想：为梦想而创作。"一语中的——为梦想而创作！相比之下，国内每年几百部电影，有多少能抵制住商业化、高科技的冲击，又有多少人在为梦想而创作？

从何时起，我们出国是为了获得洋文凭以便找到好工作，有个好未来；从何时起，我们为了眼前的高薪酬和优福利放弃了大学四年精心描绘的蓝图；从何时起，我们选择了能获得更多财富的创业商机而放弃了自己热爱的职业理想……

让人生重回理想，物质需求、职业需求、生活需求的满足将会在追求理想的途中随之而来。美国学者梅琳达·戴维斯作过一项"欲望计划"调研，集合了学者、官员、工程师、科技怪杰、企业总裁、编舞、艺术家、得奖编剧、行销大师、有创意的教育工作者，一起研究21世纪的困惑：现代人到底要什么？经过长达6年的研究，戴维斯与"欲望计划"小组发现：现代人最大的危机，是要克服内心深处的混乱。"食物、权力等是过去人类的原始欲望，现在，追求内心圆满境界的原始欲望将主导一切。"

追求理想的过程是"痛并快乐着"的，痛是因为工作中难免遇到困难，但是过程本身是幸福的、充实的，就像新航道追求的是：改变中国学生英语学习的态度和方法。在这个过程中，每一位家长都能放心地把自己的孩子送到新航道来，因为他们坚信孩子在这里能够提高英语能力；每一位学生都能够通过新航道的课堂，实现英语学习的梦想，进而走向精彩人生。看到一个个学员成功实现学习梦想，就是我们最大的幸福和收获。我常跟年轻的职场朋友说："事情做好了，钱就赚到了。"其中的"事情"就是我们致力于"改变中国学生英语学习态度和方法"！我们通过高品质教学服务，赢得学员与家长的信任和青睐。有句话最早出自一个国外医药公司的总裁："We try to remember that medicine is for the patient. It is not for the profits. The profits follow, and if we have remembered that, they have never failed to appear. The better we have remembered it, the larger they have been."(我们要时刻牢记卖药是为了治病救人，而不是为了追求利润。人治好了，钱也就赚到了，牢记这一点，利润永远也跑不掉。越是牢记这一点，赚到的钱就越多。)医生的理想是救死扶伤，如此简单的道理，然而我们在现实生活中，却容易因为追求眼前短期利益而把根本的理想抛掷脑后。

将欲翕之，必故张之，欲先取之，必先予之。雅思考试中，几乎所有学生都是为了获得高分而来，然而真正能获得雅思高分的学员，一定不是那些天天想着分数的人，而是那些把对理想的追求放在首位的人，理想所能激发的潜能远比一个简单的分数更大。天天想着分数，容易急功近利、目标短视，而回归理想，则能让自己的在纷繁的学习中沉下心来，脚踏实地。英语学好了，成绩自然就上去了！为理想而学习，为理想而创作，为理想而创业，为理想而生活！苹果在其20年后深陷经营泥沼，乔布斯重新回归、力挽狂澜。问题在哪？苹果迷失了方向：苹果存在的理由是什么？没有人能确切回答。当时的苹果缺乏一种理想，而乔布斯跟别人不同的地方就是他有"活着就为改变世界"的理想，他坚信苹果所推出的每一个东西都一定能改变世界，而他也一直朝着这个理想在创造着一个又一个高科技的奇迹。

让人生重回理想，这个理想不需要像“活着就为改变世界”这样伟大，但是在每一个人的内心深处，一定要有自己的理想，哪怕很小，但只要我们精心去耕耘，不为世俗所左右，终有一天，我们会收获到理想所带来的满满幸福！

慢即是快

慢的生活是一种先思考后行动的生活；慢的处事态度，是对于工作精益求精的极致追求；慢的人生是一种厚积薄发的人生；有了慢的思考，有了慢的态度，有了慢的积累，人生才能真正快起来，慢即是快！

人们常说：人生就是与时间赛跑，强调时间的重要性固然不错，但是遗憾的是很多人还没有想好为什么赛跑、还未准备好的时候，就盲目求快，结果迷失了出发的初衷。因为决定人生旅程快慢的不是我们的脚步，而是我们对于人生的思考和认知程度。漫无目标的旅行即便再快也是徒劳，倘若心怀梦想驰而不息也一定能怒放生命！就像登长城，很多人一股脑儿往前冲，期望在最快的时间冲到长城最高的烽火台，匆匆写下“到此一游”，可是他们真的游过么？有的人脚步到达了长城，可是心灵却从未在长城上驻留过、游览过。对于一路求“快”的路人，旅行的收获除了“到此一游”之外，别无所得。子曰：欲速则不达。游览长城本来是一种享受，一种感受大自然的神奇、古人鬼斧神工的智慧与深厚的历史底蕴的机会，可是似乎却成了一种任务，旅行意义全失。

我本身对乐器毫无研究，但是我知道世界上最好的小提琴产自意大利，而意大利最著名的小提琴，又以阿马蒂家族命名。从中世纪至今，这种小提琴的做工没有因为设备与工艺的先进而实行流水线生产。所谓慢工出细活，很多东西是“快”无法实现的，所以他们一直恪守着古老而传统的制作工艺：备料选料一二十年，制琴大师亲自深入深山老林选树，砍伐、晾干、锯板、再晾干，起码也得十年才能使用。每把小提琴的制作过程还得一两年的时间。漫长的精雕细琢让小提琴有了如天籁一般的音质，这历经二十多年才能生产的小提琴，绝非是数以万计在流水线上生产出来的小提琴可以媲美的。慢与快犹如太极的阴阳，共生共存，摒弃快的浮躁与粗糙，懂得如何“慢”下来，是对于事物完美的一种追求！

日新月异的今天，生活的节奏让我们应接不暇。如今的青年学子，多的是求快、求新的心理，吃的是“快餐食品”，读的是“快餐文化”，玩的是网络“微”世界，这种“快”与“新”的追求正潜移默化地吞噬着学习规律，逐渐将“十年磨一剑”的古训抛诸脑后。雅思主办方英国文化委员会曾组织老师针对中国大陆赴英留学的学生作过一个调研：对来英国之前参加的培训机构的培训是否满意？大部分学生表示很模糊，相当一部分学生表示不满意。不满意是因为出国之前他们确实取得了满意的考试分数，但下飞机后成绩已毫无意义，他们都发现自身的英语能力根本无法适应国外的学习和生活。

英语学习需要经历一段漫长的日积月累的过程，就像新航道一直立志在做的：改变中国学生的英语学习态度和方法，帮助同学们提高英语技能的同时，在各类英语考试中获得高分：给你高分，更给你能力！（Better English，Higher Score！）而很多学生恰恰漠视了这个基本规律，学习上急功近利，盲目求快，疲于应对各种考试，殊不知只有掌握了扎实的英语技能，考试高分才可水到渠成。否则即便侥幸通过考试，也是高分低能，到了国外面对全英语学习与生活的环境，根本无所适从。他们可能需要数十倍的时间来跟进课堂；而那些在出国前就下工夫学好英语的同学，到国外后很快就能融入课堂与生活，在留学之路上他们无疑将走得更快，这些都得益于出国前慢的积累。

其实，很多工作、事业与人生成功的道理，我们在琐碎的生活中早已经历过。要想早日实现成功，除了以最快的速度奔跑外，还有一个更重要的因素是少走弯路。而漫长的经验积累，就是确保我们少走弯路的有力保证。创业之前，柳传志在中国科学院内部装备研讨室作了13年磁记实电路的研讨，40岁创业，缔造联想奇迹。真正意义上的快，并非仅仅将事情做得快，而是把事情做得成功而有效。美国总统林肯曾这样总结自己的人生："I am a slow walker,but I never walk backwards."（我走得很慢，但从未退缩。）慢，是对于既定目标的胸有成竹，是一种厚积薄发！

不论是生活、学习，抑或是人生事业追求……慢下来，回归自然的本真，让生活变得细致，让思想变得沉稳和理智。慢的生活是一种先思考后行动的生活；慢的处事态度，是对于工作精益求精的极致追求；慢的人生是一种厚积薄发的人生；有了慢的思考，有了慢的态度，有了慢的积累，人生才能真正快起来，慢即是快！

一根针的力量

除了鹰，世界上还有一种动物能到达金字塔顶，那就是蜗牛。蜗牛能到达金字塔顶，是靠它永不停息的执着精神，这才是它的惊人之处。

在一次给大学生的励志演讲中，开场前我问台下的同学："要想将一个气球炸开，最直接的方法是什么？"

台下的同学相互对望，竞相揣测，有的静心思考，若有所得。

"最简单、有效的方法就是用一根针轻轻地扎一下！"我说。这就是专注的力量，将你的力量集中于一点，就能达到四两拨千斤的功效。

诚然，当我们开始做一件事情的时候，我们可以有完全的想象力，甚至可以心比天高，但是要想真正做好一件事情，就必须专注。就如一个小小的气球，你可以用整个身体去压，也可以使劲挥着拳头去打，拿石头去砸，结果气球都会飘而远之。"兵贵精不贵多，精则有所专注，多则散乱无纪。"专注，就是将自己的时间、精力和智慧凝聚到所要干的事情上，从而最大限度地发挥主动性与创造性。记得刚创建新航道的时候，我们也有很多目标，很多想法，也曾尝试同一时间开展多个项目，同时在全国十余个城市全面铺开。然而事实证明，对于创业者而言，这是非常危险的。后来经过“炼狱”般的思考，我们调整战略，集中所有优势资源，先把一件事情做好：将出国考试培训做到最好！再去做其他项目。而如何将出国考试培训做到最好，除了当时已经拥有的强大的师资外，还有一个重要的环节是加大自主知识产权学术研发。后来的学员认可，证明了我们专注的成效。事实上，任何一个机构，任何一个企业的发展都是如此：首先专注于一件事，甚至有的企业就是只做一个产品，做好做精后再开始慢慢地多元化。

作为世界顶级名校之一，普林斯顿大学学生人数并不多，目前在校学生人数约6400人，其中本科生约4600人，研究生约1800人，然而它却能与哈佛、耶鲁并称为“常春藤三巨头”，有“美国最好的大学”之称。普林斯顿在名校林立的美国为何能独占鳌头？在普大校长雪莉·蒂尔曼看来，不贪大求全是其成功秘诀之一，雪莉·蒂尔曼说：“小就是美(Small is beautiful)！正因为我们不需要什么都做，我们才能够集中精力和资源来干两件事情：一是非常严格的本科生教育，二是非常学术化的研究生教育。我们把这两件事情做到了极致。”不贪大求全才能集中资源优势专注于更重要的事情。普林斯顿拥有教师约620余人，学校最引以自豪的是本科生教育，师生比例为1/6，在全美的大学里很少见。由于学生人数不多，教师有足够的精力来关心学生的作业。在普林斯顿，每个星期，学生们都参加10至15人的小班，由教授或是助教带领，复习一周来所学的课程。这些由助教或教授带领的讨论，给学生们更大的空间去理解课堂所学的理论。

所谓“目不能二视，耳不能二听，手不能二事”，专注意味着只做一件事情。百度为什么能够发展成全球最大的中文搜索引擎？这与其始终如一坚持做搜索引擎分不开。面临互联网发展各种各样的商机，他们始终坚守。而很多互联网企业则因不断追寻和开拓新的市场而丢失了自己的核心竞争力，最后成了过眼烟云。

创业如此，治校如此，学业与职业又何尝不是这样？要想取得成功，就需要专注。不论是处于90后学业阶段的学生，还是处于80后职业与创业阶段的青年，正逢日新月异的国际化发展时代，面临的机会多，选择也多。然而与林林总总的机会并存的是诱惑太多，陷阱太多，容易迷失方向，无所适从，丢失自我。哲学家埃里希·弗洛姆说：“在现代民主制度下，困扰人们的不是缺乏机会，而是机会太多，令人眼花缭乱。”机会太多，反而令我们无从选择，无法专注。

有人跟我说：“似乎你人生的字典里全是英语。”我只能回答：“是，但也不是。”是，是因为从小学接触英语开始到大学英语专业，再到第一份职业从事英语教学、英语专业研究生、外语系副主任、英语培训专家，再到如今奔波于各大讲坛……英语像一盏灯，照亮我人生走过的每一段路；不是，是因为我认为英语作为一门世界语言，它博大精深，足够我用一生去钻研、去探索。在我看来，Less is more.（少即是多。）因为我从中体味到人生的快乐与价值！我无法回答英语是否等于我的人生，但我相信，从选择的那一刻起，我的人生就只专注于一件事：用英语点亮人生！也许我可以做的事情很多，但是如果真能把教书育人这件事情做好，那何乐而不为呢！有的人一生有太多的梦想，每一个梦想都去尝试，结果一事无成；而有的人一生只有一个梦想，一直为梦想而执着努力，最后得以实现。试问是将所有精力专注于一件事更容易成功，还是将精力分散对每个梦想蜻蜓点水更容易成功呢？

一根针的力量有多大，一滴水的力量有多大？除了鹰，世界上还有一种动物能到达金字塔顶，那就是蜗牛。鹰能到达金字塔顶，归功于它有一双善飞的翅膀，得益于它天然的优势，不足为奇；而蜗牛能到达金字塔顶，是靠它永不停息的执着精神，这才是它的惊人之处。同样，只要专注，一根针，一滴水也一定能释放出惊人的力量！

坚持的魔力

"Never give up! "（绝不言弃！）这是丘吉尔在剑桥大学毕业典礼上发表的他人生的最后一次演讲。丘吉尔说完后穿上大衣，带上帽子离开了会场。当时整个会场鸦雀无声，一分钟后，掌声雷动。

有一种力量，平日里看似微不足道，但由于日积月累，到最后一定能无坚不摧，那就是坚持。水滴石穿，绳锯木断，都是因为坚持。没有坚持，再伟大的目标也只会昙花一现。

曾几何时，“成功学”在中国备受推崇。据《中国青年报》调查，中国有81.3%的人读过成功学书籍，86.5%的人了解过所谓成功人士的奋斗经历。然而，真的像预期那样“批量生产”出了一批批成功人士么？没有，我相信，这其中大概只有20%甚至更少的人能够最终成功，而他们成功的最关键因素不是因为他们懂得成功学的那些道理，而是因为他们付出了行动，并具备了坚定不移的品质！

有同学问：“胡老师，我参加过两次雅思考试，考前词汇也背了，真题也做过，但两次成绩都不理想。”我说：“你是不是每次都是从头背单词，背到一半，后面一大半基本没有什么印象，对待真题也是心血来潮时一下狂做几套，过几天，书又扔在了一旁？”他满脸诧异地回答：“您是怎么知道的？”我说："知易行难，很多人之所以考试失败，是因为有了行动，却没有坚持。"

一个荷花池，第一天开放的荷花只是很少一部分，第二天开放的数量是第一天的两倍，之后每一天，荷花都会以前一天两倍的数量开放……假设到第30天荷花就开满了整个池塘，那么在第几天池中会开一半荷花呢？可能有的人会不假思索地认为是在第15天，但事实并非如此，只有到第29天时，池塘里的荷花才能开到一半。而最后一天，荷花便会开满整个池塘，开出一派生机盎然。

"行百里者半于九十"，成功与失败的分水岭不在50里，而在90里，成功的关键在于最后10里的坚持。英国《每日邮报》曾有一则消息，美国哥伦比亚大学一位校工"蹭课"19年，终于获得该学校的学士学位。52岁的菲利帕奇1992年从南斯拉夫移民到美国，在哥伦比亚大学找了一份校工的工作。刚到美国时，他甚至一点英语也不会说，经过7年的努力，他成功掌握了英语。根据哥伦比亚大学的政策，作为校工，菲利帕奇可以用自己的劳动换取一些免费的课程。菲利帕奇在保证完成工作的情况下坚持学习，他每天晚上清洁学校的浴室、倒垃圾，19年的坚持和努力付出，让他赢得了学校师生的尊重。

宝剑锋从磨砺出，十年方能磨一剑！其实，道理很简单，大家都树立过"通罗马"的目标，但是有很多人却在路上迷失了、偏离了、退缩了。即便"条条大路通罗马"，那也要我们一步一个脚印坚持走下去，才能够走进罗马之门。同样是为了掌握英语，7年时间我们能坚持下来么？同样是为了取得一个学士学位，19年的时间，在半工半读的情况下，你能坚持下来么？对比我们身边的一些青年朋友：有的人参加自考或者深造学习，一年下来苦不堪言，课程考到一半就半途而废；有的人要出国留学，参加培训学习，课后却将书本扔在一旁，背起词汇来三天打鱼两天晒网，经不住游戏与悠闲的诱惑，结果通往英语学习之路总是在施工中；就连现在毕业求职，也出现了“旅游式打工”一说。就业趋势研究报告显示，1991年出生的受调查者，每份工作平均持续不到一年，试问，如此对待工作，如何能储备职业技能呢？

诚然，有目标但无法坚持到底，也并非我们意志不够坚定，而是因为目标太遥不可及。这时候，适当地将目标细分，能够帮助我们坚持。世界著名马拉松运动员山田本一曾两次夺得世界冠军。他之所以能够取得冠军，并不因为他有着超常的体力和耐力，而在于他善于将目标分解。他在每次比赛前，都会乘车把比赛的路线仔细地看一遍，并把沿途比较醒目的标志画下来，比如第一标志是银行；第二标志是一棵古怪的大树；第三标志是一座高楼……这样一直画到赛程的结束。比赛开始后，他会以百米的速度奋力地向第一个目标冲去，到达第一个目标后，又以同样的速度向第二个目标冲去。就这样将40多公里的赛程，分解成几个小目标，跑起来就轻松多了。倘若他一开始就把目标定在终点线的旗帜上，可能跑到十几公里的时候就疲惫不堪了，会被前面那段遥远的路吓倒。就像荷花池，1到2，2到4，4到8……这每一步都是一个目标，都应该步步为营。因为每实现一个目标，都会坚定我们坚持的信心！

"Never give up! "（绝不言弃！）这是丘吉尔在剑桥大学

毕业典礼上发表的他人生的最后一次演讲。丘吉尔说完后穿上大衣，带上帽子离开了会场。当时整个会场鸦雀无声，一分钟后，掌声雷动。我相信，不论是那些已经有所成就的人，还是那些渴望成功的人，大家能深刻体会到的，是一代伟人简单哲理背后的意味深长，这种坚持的魔力才是我们的成功之道！

小小梦想也能孕育出伟大奇迹

一粒种子，即便再小，也能不畏干涸，破土而出；一个梦想，即便再小，也足以冲出现实的牢笼，随岁月成长。

"If you always lie to everyone saying that I was playing for my country, or I was playing for another thing, you are just playing for yourself. This is real."（“不要说我为国争光，我是为自己。”）2011澳网决赛前，李娜面对记者这样说道。

我是为自己——没有为国为民的伟大豪情，就是一个小小的梦想。

正是这小小的梦想，让李娜在时隔不到半年后的2011年6月4日，在法国网球公开赛女单决赛争夺中，以6:4和7:6击败赛会卫冕冠军、意大利老将斯齐亚沃尼，获得亚洲选手首个大满贯赛事单打冠军，成为公开赛第38位夺取大满贯冠军的选手。

正是这小小的梦想，在赛场上给了她无穷的力量，帮助她克服重重困难。这种力量远比来自外界的冠冕堂皇的理由更强大，从获得WTA巡回赛单打冠军，到2008年北京奥运会四强，再到法国网球公开赛女单冠军，她不断地挑战自我！

也许每次站在赛场上，面对国人与世界的眼睛，她一定想过国家荣耀，也一定想赢得比赛将奖金捐献给灾区、捐给福利机构……她把这些内化成自己的梦想，为自己就是为人人，她一步步实践着自己的愿望，恰似英国诗人丁尼生所言："梦想只要能持久，就能成为现实。"有什么能够阻挡一个小小的梦想慢慢饱满呢！

一粒种子，即便再小，也能不畏干涸，破土而出；一个梦想，即便再小，也足以冲出现实的牢笼，随岁月成长。对于创业者而言，也许最初的想法都很简单：或为生计，或为践行儿时一个小小的愿望……然而正是这小小的梦想，让创业者脚踏实地，一步步走向远大。相反，如果创业者一上来就豪情壮志、心比天高，反而容易好高骛远，难以在现实与理想中找到平衡。创建新航道时，外界也有人说："胡敏创业是为获取更多的财富。"对此，我笑而不答，因为我相信，只要大家稍作思考，就不言自明。在如今的中国，若真只为获取财富，完全不需要从事教育领域，也并非一定要通过创业来实现，因为创业本身存在很大的风险。对我而言：我渴望中国英语培训界有更多自主知识产权科研成果，我渴望有一个更专业更学术的平台，真正帮助青年朋友实现英语学习与人生的梦想！甚至我当时"老土"的想法就是：拥有一所自己开办的学校和一个自己开设的书店。这个单纯的想法至今仍未改变，也许它真的很小，但它却足够我用一生去为之奋斗，它也许有广度，但是却永远没有深度！事实上，很多成功的企业家，他们最初可能也未曾想到自己有一天能将企业做到多大。创建阿里巴巴前，马云已经在大学教了六年书。接受记者采访时，他说：“我想到社会上花十年时间办一个企业再到学校教书会更受欢迎，很纯粹的想法。”如今，这个当初小小的想法已成长为商业神话。

If the dream is big enough, the facts don't count.（梦想应该足够大，这样一切困难都会变得渺小。）其实，不论是“足够大的梦想”，还是一个小小的梦想，只要心中有梦，我们都将从中获取内心的力量；即便再小，一切的困难都会在你面前低头。

小梦想也能孕育大成就。如今我们看到的星巴克帝国，起初也是源自一个“拥有一家咖啡店”的小愿望。霍华德·舒尔茨从小家境贫寒，父亲去世后，舒尔茨整理父亲的遗物，不经意间看到了一个木箱，里面藏着舒尔茨12岁时送给父亲的圣诞礼物，如今已锈迹斑斑。木箱盖子上刻着：儿子送的礼物，1964年圣诞节。舒尔茨没有想到父亲如此珍视这件东西，他打开咖啡桶，里面装着一封已经皱巴巴的信。父亲写道：“亲爱的儿子，作为一个父亲，我确实失败，既没给你一个好的生活环境，也没办法供你去上大学。但是我也有自己的梦想，我最大的愿望是能拥有一家咖啡屋，穿上干净的衣服，悠闲地为你们研磨和冲泡一杯浓香的咖啡。然而，这个愿望我无法实现了，我希望你能拥有这样的幸福。”舒尔茨深受触动，妻子雪莉鼓励他：“既然你父亲的心愿是拥有一家咖啡店，那我们就替他完成心愿吧。”是啊，如品咖啡一样去生活。就是“拥有一家咖啡店”这样一个小小的心愿，让舒尔茨坚定信念，一步一个脚印打造着星巴克。如今的星巴克不正是给人们一种“如品生活”的真实体验么！

梦想起初都很小，然而任何伟大的成功都源于小小的梦想，它拥有不断激发我们前行的力量！如果你向往原野，小小的梦想可以让你的人生如夏花般灿烂；如果你向往苍穹，小小的梦想足以让你的人生如参天大树一样尽享阳光雨露。找到属于自己的梦想，即便它很小，去坚持去耕耘，终有一天，这个小小的梦想会孕育出伟大的奇迹！

像苹果一样与众不同

如果我们每一个人能够像苹果那样，在众多的产品中展示其特征和优势，并将自己的特质发挥得淋漓尽致，那么我们也能像“苹果”一样备受欢迎，成为职场中的香饽饽！

像苹果一样与众不同

如果我们每一个人能够像苹果那样，在众多的产品中展示其特征和优势，并将自己的特质发挥得淋漓尽致，那么我们也能像“苹果”一样备受欢迎，成为职场中的香饽饽！

我们周围不缺乏优秀的人，而缺乏既优秀又具有独特个性的人。面试过很多老师，接触过很多应届毕业生，纵观他们的职业生涯发展，事实证明，一个人要想真正脱颖而出，不是因为其“全能”，而是因为其拥有“独一无二”之处。就像苹果新产品问世时，苹果体验店总是站满了人，大家长时间排队只为体验到新的产品。是因为没有其他优秀产品了么？我想不是，因为苹果是这些优秀产品里面最独特的那一个。也许它的功能并不完美，甚至还有缺陷。然而它的独特性赢得了消费者的青睐。

精准定位，夹缝中突围

IT软件行业曾流传一句话：“永远不要去做微软想做的事情。”可见微软之强大。然而为什么苹果能“后发制人”？因为苹果产品与众不同！只要稍微观察和对比就不难发现：乔布斯所创建的苹果，走的是与微软截然不同的路线，是精品路线，是体验式经济。苹果这种差异路线，不仅丰富、完美了世界，而且让消费者多了一个选择。而比尔·盖茨在创办微软时，他的愿景是希望让全世界所有办公桌上都使用Microsoft，比尔·盖茨给微软的定位是大众化、平民化，是规模经济。凭借产品的差异化，苹果迅速成为享誉全球的高科技企业。

据不完全统计，在大学时期进行创业的学生，占到大学总人数的3%。在商品同质化如此严重的市场环境下，如何让自己的创意与众不同，就显得格外重要。根据二元定律，同一行业，最后只会剩下两家平分秋色，就像肯德基与麦当劳，微软和苹果……同样，新航道并不是中国最早的英语培训机构。作为2004年才成立的新机构，它还很年轻。如何定位？如何让它沿着预定的轨道快速发展呢？作个简单类比：目前有的英语培训机构定位是一个大众化的规模经济，以满足大多数人的要求为目标；而新航道尝试的是精品化路线，精品化的英语培训绝非华丽的教学环境与先进的教学设备，而是能够切实帮助学员实现英语学习目标的软实力！如在教学上，新航道打造业界精品教材体系、优秀教师团队；在形式上，小班教学、1对1个性化培训，让优秀的教师与学员有充分互动。把控每一个教学环节，同时辅以高标准课后指导，既注重学员最后的学习效果，更注重对教学过程的把握，看重的是学员在学习过程中所感受到的培训质量。事实上，“新航道”三个字本身也正反映了新航道在中国英语培训界的定位：庙堂英语僵化死板缺乏激情，江湖英语短视缺乏学术底蕴，新航道要将庙堂英语和江湖英语糅合在一起，取两者之精华，弃两者之糟粕。

人如企业，差异中脱颖而出

国内人力资源机构曾作过的一项调查显示：85%参与调查者认为自己的职业生涯面临困惑，只有15%的调查者认为工作顺利，40%的人把“自我不知如何定位”作为最大的困惑。有的同学求职时，为增加被录用的机会，求职意向五花八门，对自己都没有把握，没有定位。尤其是第一次求职，压根儿不知道自己适合什么、擅长什么，对未来一片迷茫，也不知道在简历中应该着重突出哪些优势，所呈现的兴趣和特长没有重心……结果选择“海投”简历，投中哪家是哪家，哪个岗位需要就去哪个岗位。试想，用人单位看到这样的简历会怎么想呢？一来，你什么都适合，那就证明你可能没有任何专长，用人单位招聘的不是“勤杂工”，而是“因岗设人”，专业的人才有可能做专业的事；二来会认为你对该公司该岗位缺乏了解，不重视公司，而一个不重视公司的人怎能得到公司的重视呢？

苏联教育家苏霍姆林斯基说：“世界上没有才能的人是没有的。问题在于教育者要去发现每一位学生的禀赋、兴趣、爱好和特长，为他们的表现和发展提供充分的条件和正确引导。”世界上没有两片相同的叶子，我们每一个人也正是因为不同的禀赋、兴趣、爱好和特长而不尽相同，只有挖掘独特的自己，才更容易取得成功。有出国意向的同学肯定知道，在申请国外大学时，有一项必须体现出来，那就是个性特质。在大学期间学校会鼓励学生在自身的特长领域发展，并为学生的特长和优势提供各种条件和发展空间。他们重视每一个学生身上的特质，在他们看来，学生只有在自身特长的基础上才更容易有所建树！

大道相通，最伟大的真理是最普遍的真理（The greatest truth is the commonest one）。从管理学中的“差异化战略”到最近几年流行的杰克·特劳特的“定位”理论，似乎都在向我们传递一种讯息：如果我们每一个人能够像苹果那样，在众多的产品中展示其特征和优势，并将自己的特质发挥得淋漓尽致，那么我们也能像“苹果”一样备受欢迎，成为职场中的香饽饽！

如何成为优秀的国际化人才

优秀的国际人才一定是德才兼备，同时具有国际视野、通晓国际规则，能够在未来的全球化发展中参与到国际竞争中的青年才俊！

十多年前“国际”还是新鲜的字眼，然而今天，“国际”已经成为我们口中最常提及的词语，就像家常便饭一样熟悉，因为我们已经身在国际化、全球化的浪潮中。确切地说，中国已经走向世界，而世界也在走向中国，人才也将国际化。只有国际化人才才能具备竞争优势，才能顺应经济全球化的发展要求。

国际化人才首先应具备的条件是：Integrity，即健全的人格。

Integrity的意思是正直、诚实、完整性、健全等，很难用中文的一个词去诠释它的准确意思，但是不论是正直还是诚实，其实说的就是要有完整且健全的人格、人品，指的是做人。

关于Integrity，首先要做到诚实。Honesty is the best policy.不管是做人还是做企业，诚实是第一位的。诚实是做人的基本原则，而一个企业能否走远，是否有发展前途，关键因素也是诚实。以前读过一个小故事：一个应届毕业生去一家公司面试，由于个人原因迟到了，他却说是因为路上塞车。在面试的过程中，HR对这个年轻人所展现出来的个人能力很有认同感，让他回家等待复试通知。但在年轻人离开时，HR站在窗边正好看见他推着自行车……故事讲到这里，不知道大家有什么感触？不用说，这个年轻人的求职肯定是泡汤了，与此同时，我们应该从里面学到点什么呢？不诚实，做什么都是没希望的。如果这位年轻人真的重视这次面试，应该提前踩点，计算好到达该公司的时间。就我个人而言，无论是在上学还是从教时，我都没有迟到的记录！这是一个人对待工作的态度，也是对待人生的态度。

其次要做到诚信。因为工作太忙，我跟儿子相处的时间不是太多，尽管如此，但我始终坚持一个原则，那就是答应他的事情一定做到。有的父母在孩子提出要求时，可能会不假思索、随口答应，但是事后却不去兑现，敷衍了事。这对孩子的影响其实是非常不好的。家长是孩子行为的模仿对象，是直接影响孩子未来言行的榜样，所以我绝对不给孩子开空头支票，答应了的事情一定做到；如果那段时间确实挤不出时间，我不会轻易答应他什么。在国外，诚信是融到每个人的血液中去的，这跟国内有很大的不同。你需要的是少说多做，记住一切你说过的话，不要轻易允诺你实际上无法完成的事情。

第三是与人相处要以诚相待。何为“诚”？《说文》曰：“诚，信也。”《增韵》道：“诚也，无伪也，真实也。”诚从何来？不是来自寒暄客套、例行问候，也不是来自请客送礼、频频举杯，更不是尾随上司、送钱送物。诚，是人与人沟通的桥梁，来自对人的由衷关心和爱护，来自与共事者在工作中长期结成的深情厚谊。一句推心置腹的话，一个真诚的关照，远比万言阿谀奉承真诚得多。以诚相待在人际交往中是很重要的一环，若是无法以诚相待，就无法交到真正的朋友。如果这世上还有一样东西让你感动，那就是诚信。真诚、诚信、以诚相待是一切事物得以顺利进展的基础！

国际化人才具备的第二个条件是Expertise，即有所专长。

Expertise指的是做事。如何做到有所专长？首先，专业基础要夯实，个人兴趣要广泛。现在的中国大学推行的是通识教育，通识教育可产生通才，即博览群书，知自然人文，知古今之事，博学多识，通权达变，通情达理，兼备多种才能的人。在中国现实的教育体制下，如何让自己成为通识人才，这就需要对本专业知识系统地了解，并广泛涉猎其他学科的知识。在国外的大学，大一大二是不会确定学生所学专业的，学校鼓励文科学生去上理工科的辅修课，也鼓励理工科学生去接触文学艺术方面的知识，就这样文理互相学习，让学生在广泛的学科涉猎中发现自己的兴趣所在，并对自己未来的学习方向作一个定位。现在越来越多的国内大学也开始进行大类招生，那么如何打好专业基础，又多方面涉猎其他学科知识，是我们值得思考的问题。

其次，要学有所长，能够身怀绝技，使你在本专业中脱颖而出。虽然现在中国奉行的是通识教育，造就了不少兼备多种才能的人，但如何在这些人中脱颖而出，是大学生所面临的一个很实际的问题。要做到身怀绝技，就需要我们坚持不懈的努力。

除了坚持不懈，自然不能忽视与时俱进。只有每天都学一点，每天都进步一些，才有可能将自己磨砺成一把利刃。当然，我们不能盲目地学，不能今天这个学一点，明天又扔下前一个，拿起另一个开始学。这样没有定位的学习，是没有效果的。“定位之父”杰克·特劳特在《重新定位》中提到现在是一个3C的时代，这3C分别是“变化”(Change)、“竞争”(Competition)和“危机”(Crisis)。特劳特先生认为“重新定位是如何调整心智中的认知。这些认知可以是关于你的，也可以是关于竞争对手的。重新定位的关键在于为自己建立起正面定位。”如何在3C时代发展自己，并且使自己脱颖而出，需要我们与时俱进地进行学习。有了紧迫感，才能逼自己不断学习，年轻人最可怕的不是学不会，而是不去学。

国际化人才必须具备的第三个条件是Communication，即沟通交流能力。

就招聘而言，新航道在招聘老师、助教或者行政等人员的时候，不会对求职者的专业成绩特别看重。因为就专业来说，比求职者优秀的大有人在，我们看重的是其在校期间是否参加过社团活动、进行过社会实践活动、是否主持过大型晚会等。我们更希望看到求职者在大学中所获得的除专业知识以外的技能，希望看到求职者是如何借助大学这个平台获得在社会上所需要的各种为人处事能力等等。现在很多90后的同学习惯自闭，沉醉于网络中的交流，在与人面对面交流时显得不知所措。

现在是一个全球化的时代，英语不仅仅属于英国、美国、加拿大、澳大利亚、新西兰等以英语为母语的国家，而是一种世界通用语言。当我们打开电脑，点开网页，英语扑面而来，你无法避开。在中国，英语学习分为3个时期，第一个时期是70年代、80年代那段时期。那段时期人们的英语，我们称之为“哑巴英语”，只会写不会读；第二个时期是从第一时期往后再推10年，人们能听得懂简单的英语对话，能借助词典进行最基本的英语翻译；而当代青年所处的是第三个时期，是英语全能的时代，它要求我们对英语能够做到听、说、读、写，样样不落。只有会说、会写才能算是会英语。试想，时间再后推15年，那时候大部分的年轻人都已经过了而立之年，正处于事业的奋斗期，而所要面对的不仅仅是国内的同龄人，还有来自全球的国际青年。到那时，如果连基本的国际语言英语你都无法灵活运用，又怎么能立足于国际舞台呢！

优秀的人才一定是德才兼备，而优秀的国际人才一定是德才兼备，同时具有国际视野、通晓国际规则，能够在未来的全球化发展中参与到国际竞争中的青年才俊！不谋万世者，不足谋一时；不谋全局者，不足谋一域。只有成为一名国际人才，才有可能成为一名合格的社会建设者；只有立足于国际视野，才能建设好未来中国！

以“归零心态”寻找工作的起点

静下心来，学会以“归零心态”定位自己，找到我们的起点，把自己定位在“锅底”。这样，不论朝哪个方向努力，都是向上的。

真正的职业规划，应该从大学开始。很多学生一到大学就松懈了、放宽了心，尽情地玩，尽情地挥霍青春，最后到大四印证了现在流行的那句话——“今日歇脚，明日歇菜”。经常有学生在博客里跟我探讨：胡老师，我马上就要毕业了，但是我发现自己在大学里什么都没有学到，连以前的一点英语知识都丢了，现在求职用人单位都是既要看你在学校的实践能力又要考英语，我该怎么办？说实话，我真为这些学生惋惜、遗憾，他们把本应在大学里面完成的事情留到了毕业后，等到离校后碰壁时才叹息自己荒废了大学生涯。大学生活的多姿多彩，不是意味着我们可以放任自己、尽情享受、虚度光阴，而是要在学习与生活中找到平衡，铺垫未来。当你进入大三、大四，面对一次又一次的招聘会却无所适从的时候，当你收到第一封来自招聘企业的婉拒信时，你才惊讶地发现，自己的前途是那么渺茫，一切努力似乎都于事无补……而看着其他同学一个一个走上自己喜欢的岗位，从事理想的职业时，你才知道什么是后悔莫及。

大学就是半个社会，当我们一只脚踏入大学校门的时候，其实另一只脚已经迈进了社会。可以说，大学就是为我们步入社会作最后的准备。在大学，我们有足够的时间、足够的空间和足够多的机会去认识自己，去发现自己的优势和弱势，去把握自己的兴趣爱好，我们在大学里就应该开始为这些兴趣、目标准备了。比如，你喜欢营销，那么你在学校首先要通过课堂学习把一些专业的基础知识学好、学精，业余参加一些类似于营销协会、口才协会等相关的社团，在每学期开学、“五一”、“十一”等节假日的时候，争取一些促销锻炼的机会，暑期争取能够去公司实习。所有这些，都需要你在大学时就完成，都是在为你未来的职业生涯作充分的储备。有的人喜欢文学、写作，那么除了多阅读一些经典作品外，你应该参加一些文学社团，或者当个校园记者，尽量在报刊上发表作品，这些都是锻炼自己的地方。

不论你是选择毕业后直接步入社会，还是考研、出国留学，最关键的是你在学习的过程中要学到本领，把内功练好，不论走到哪里，一辈子都受用。

什么是就业？通俗一点说，就是找到一份工作，能够养活自己。只有先生存下来，你才能谈发展，才能谈未来的事业。不要对那些低微的工作不屑一顾，不要再抱着那种“我就是干大事的人，将来要开创自己的事业，我才不干这些有损我颜面的活呢”的态度，这种心态只能把自己困住。古语说，“一屋不扫何以扫天下”，“仓廪实而知礼节，衣食足而知荣辱”。你连小事都做不好，连自己的生活都无法承担，谈何尊严？谈何荣辱？心理学鼻祖马斯洛的需求层次理论讲到的最基本的生理需求，归根结底不就是基本的生存吗？只要我们走进社会，很多事情就不是我们想做就做、不想做就不做的，大多数时候我们是必须去做，并且还必须把它做好。

很多学生走进社会后，还是像以前在学校那样傲气、娇气，尤其是一些独生子女。结果呢？到了一个城市，钱花光了，工作没有找到，没饭吃了就找家里要钱。暂且不说家里有钱能给我们，但给得了一次、两次，能给一辈子吗？作为一个大学生，我们有没有算过，我们一路走来已经花费了父母多少钱？我们有没有内疚过：自己毕业后还在问家里要钱！我们读书是为了什么？难道是为了纯粹的知识享受？直接点说，不就是为了多学点知识，能够找个好工作，能够有个好的生活、好的未来吗？如果毕业了，失业了，那学习的意义又在何处呢？更可悲的是有些名牌大学毕业出来的学生，由于从小生长在一个受人呵护的环境下，心理承受能力差，无法、无力面对残酷的现实，最后选择自杀，这样的悲剧屡见不鲜。

我记得我们那个年代，是没有办法，得帮助父母养家糊口。做哥哥的要承担起家庭的义务，帮助弟弟妹妹完成学业，为家里分担负担。我大学毕业就留校当老师，当时并没有想那么多，只知道我要自己挣钱了，我不能再花父母的钱了。后来，我想有个更好的发展，我想有更宽阔的平台，我选择了离开湘潭，北上首都，在这个中国最繁华的大都市寻求人生的发展。记得刚到北京，连车站的保安都冷眼看我。烈日下，我带着妻子在火车车厢里扒行李，让仅有四岁的儿子在太阳底下暴晒。后来我才知道，其实根本不用自己去扒集装箱，只是车站保安看着我像个民工、土里土气、看起来穷，所以不愿搭理我。那次我羞愧得无地自容。通过自己的努力和拼搏，我从一名老师到被外界称为教育专家、到学生们眼中的“胡雅思”，从一名一线教育工作者到一名管理人员，再到现在的新航道，我就是这样一步一个脚印走出来的。我一直没有离开过教育领域，我深知通往成功的路上没有任何捷径可走，只有从基层，从最普通的岗位做起。

我只想通过自己的经历告诉大家：先生存后发展，最后才能谈事业。这是非常浅显的道理，可是现在“高不成低不就”的现象越来越严重，企业招不到人才，学生找不到工作，矛盾越来越严重。为什么我们很多学生就是不愿去做呢？大学学的企业管理，以为出来就可以当管理人员，拿到MBA（工商管理硕士）以为就可以当一名高管。我们想想，有多少人学的是同一个专业，有多少人拿到了MBA，有哪个企业管理人员比作业人员还多的？就算是一个生产型企业的管理人员，也需要从基层做起，你不了解整个生产流程，不了解产品的生产环节，你怎么去监督别人，你怎么把控生产进度，你又怎么知道出了问题责任应该落实在谁身上？就算是一名销售人员，也应该从最基础的销售、接触客户做起，只有自身的业务素质提高了，你才能有经验指导下属。

所以，不要再抱怨，静下心来，学会以“归零心态”定位自己，找到我们的起点，把自己定位在“锅底”。这样，不论你朝哪个方向努力，都是向上的。

优秀人才是跳出来的

职场新手，你还在等待被“挑”么？也许在你等待的过程中，很多人已经在与你相同的职场起点上奔跑了，因为优秀的人才是跳出来的！

当下，680万应届毕业生即将加入求职大军，硕士生博士生留学生生生不息、应接不暇。对每一个职场新人而言，我们要思考的不是如何被动地被企业“挑”中，而是如何在职场中主动地“跳”出来。在职场中，“挑”与“跳”的区别在于：挑是用手，而这双手是别人的，主动权在别人；而跳则是用脚，这双脚是我们自己的，由我们自己主宰。这个时代，优秀的人才已不再是被“挑”出来的，而是“跳”出来的！

我面试过很多人，也亲历过很多年轻人的职场生涯。在每一次被同时“挑”选进来的员工中，总会有人因为在工作考察期间的表现平平，而最终无法在新航道得到发展；而总会有一部分“另类”的人能够从众多人群中主动“跳”出来，各项工作做得有声有色，个人能力得到充分展示，从而脱颖而出。

新航道有位年轻的校长，他刚加入时只是一名应届本科毕业生，没有任何工作经历。我初识他时，他只是新航道一名市场渠道专员。有一次，晚上结束在天津大学的讲座，他跟我一起坐车返回北京。在车上，我隐约听到后面传来细微的声音，转过头发现他在后面啃着面包。我一看手机，已经是10点多了，我问："你这是晚餐还是宵夜呢？"他笑着告诉我："是晚餐，上周我买了好些面包放在包里，饿了可以啃！"那是我第一次单独跟他说话，他的这番话打动了我，他从此"跳"进了我的视野。后来从市场负责人那里了解到，那段时间他在天津一周内连续举办了6场千人讲座，贴海报、发传单……经常是一个人扛着资料袋奔走在各大校园。人长得弱小，但干起活来从不含糊，一个学期下来，跑市场磨破了两双皮鞋。回到北京后，在各个活动中，我都能看到他工作的身影，哪里需要人手，他都会主动过来帮忙。尽管他不是课程顾问，但是解答家长和学员问题，甚至比课程顾问还专业。有一次我"偷听"到他与客服同事的对话，得知他把招生简章里面的所有课程一字不差地背了下来。

就这样凭借自身的努力和实力，他从同期走进新航道的那批人中"跳"了出来，很快被提升为客服主管。三个月后，新航道外地分校需要人，经管理团队多人举荐，他又被委任为分校市场部负责人。到分校后，为省下搬家费，他带领同事一连5个小时搬运桌椅，一直搬到凌晨2点。当时是冬天，几个小伙子大汗淋漓，最后干脆打了赤膊。如今，他已经是长沙新航道学校校长，也是新航道最年轻的校长，正式升任校长时他才24岁。他的名字叫刘威。长沙新航道学校在他的带领下，迅速成为当地广大家长和学生信赖的培训品牌，各家媒体竞相报道。

年轻人最可贵的除了智慧，更重要的是吃苦耐劳的精神和责任心！从市场专员，到客服主管，再到现在的一名校长，我看到的是一个年轻人不畏辛苦、积极进取的职业精神。职场中像这样的“拼命三郎”与“亡命之徒”，永远都是企业的香饽饽！在新航道还有很多这样的员工，他们从最基层的岗位做起，在工作的同时不断学习、提升自我，屡创佳绩，主动地“跳”出来，从一名普通职员成长为能独当一面的优秀管理者。

很多人以为被“挑”进职场，就是走进了温室，以为保证一日8小时的工作即可。其实，被挑进来只是一个开始，你是否能在职场中有所发展的决定因素，是你能否主动地“跳”出来。要想跳出来，仅仅靠一日8小时的工作是远远不够的。有的人说我每天都准时上班，按时下班，领导交代给我的工作我也按质按量完成，但是为什么企业在提拔人才的时候总是没有我呢？道理很简单：一个按部就班的员工，最多只能算是一个合格的员工，而一个优秀的员工一定会倾尽所有精力，让自身的工作成绩超越领导的想象，这超越出来的部分才是你能取得发展的前提。

哈佛大学有一个著名的理论：人的差别在于业余时间，一个人的命运决定于晚上8点到10点之间。每晚抽出2个小时用来储备知识和为未来积累经验，日积月累，你的未来就可能比别人更精彩。正如亨利·福特所言：如果你想永远做个雇员，那么下班的汽笛吹响时，你就可以暂时忘掉手中的工作；如果你想继续前进，去开创一番事业，那么，汽笛仅仅是你开始思考的信号。渴望跳出来的人一定是时刻全情投入于工作的人！

职场新手，你还在等待被“挑”么？也许在你等待的过程中，很多人已经在与你相同的职场起点上奔跑了，因为优秀的人才是跳出来的！就像影片《2012》中的杰克逊说的那样：When they tell you not to panic，that's when you run!（他们告诉你不要惊慌的时候，你就该跑了！）从你步入职场的那一刻起，你就应主动迈开你的双脚，跳出你的职业人生，跳出你的精彩未来！

优秀培训师应具备的五项修炼

以前讲新航道课堂要求的时候，我只讲四点：学术、创新、励志、激情。但是现在时代不一样了，课堂上还需要适当的时尚元素。

一、学术

学术性来自专业的英语技能。学术是新航道自成立以来一直倡导的，也是我们区别于其他英语培训机构最明显的特征。对于培训老师而言，我们不仅需要扎实的英语功底，更需要某方面的专业英语技能。记得有次出差，我忘了带英语书籍，到飞机上看到一本杂志里面有一篇英文文章，题目是《没有手机会怎样》。作为培训老师，我们不能说简简单单看完文章就可以了，而是把它作为英语学习资料，需要重复地看！只有不断地重复才能吸收到里面的知识。就像我们教词汇，很多单词有规律、有技巧，但是有些单词没有规律、是需要死记硬背、需要重复很多遍才能记住的。

学术性来自不断地向前辈们学习。

很多名师的一些精彩教学课在网络上都能够找到相应的音频、声频资料，这些都是很有价值的。我们应该去学一学，听一听，要虚心向他们学习，跟他们交流。向别人学习，得到实惠的是自己。现在网络上的知识太丰富了，可以说应有尽有。过去的一年我与以前最大的区别是：上网时间多，从网上了解信息的机会多了。每天我至少有一个半小时在网络上，去关注最新的信息和话题。

学术性来自不断地思考和总结。

课程没有最好只有更好。不论我们认为当时准备的课件或者讲解的知识是多么完美无缺，依然还有值得改进的地方。我们需要不断地总结、不断地提升。举个简单的例子，以前国际关系学院有一个老教授，他活到了99岁，88岁的时候他还在国际关系学院学报发表学术论文。对他而言，他一直在思考，一直在学习和总结，没有在职与退休之分。

二、创新

创新源自对事物本质的清晰认知。

要想课堂上创新，首先自己要创新。事物的本质是什么？就拿雅思和托福来说，首先，身为老师，要对所教的科目有一个清晰的认知。比如从事雅思教学，那么从剑1到剑7，你所教的单项应该是掘地三尺、如数家珍、信手拈来，这是对你所教的知识本身。另外，作为雅思老师，必须把前面七本雅思真题集和所教内容的官方教材都研究透，因为其他的任何雅思资料和题目都是源自对这几本的演绎和变化。记得一位著名的作家说过："这个世界上故事情节就只有两三个，所有的故事不论情节如何丰富多彩、跌宕起伏，它都来源于这两三个基本的故事，都是这些基本的故事的演绎。”

“不入虎穴，焉得虎子？”现在有些老师不喜欢钻研，还自称自己是“雅思培训大师”，教写作的不看后面的范文，不研究考官的范文；教阅读的不一套一套好好地亲自去做阅读练习，试问如何吸取所教内容的精髓？首先要有一个面上的认识，对雅思听、说、读、写都要有所了解，因为事物本身是紧密联系的。然后针对所教的教学专项，如阅读、写作、听力、口语某一单项深入地钻研和把握，那样，你才有可能在某一教学专项上做到最好。

创新源于对传统经典的模仿和借鉴。

作为培训老师，有些别人的知识是好的，是可以学习、借鉴的，网络的普及更是为信息与知识的共享提供了便利。经常在一些专业网站浏览文章，有一次我看到上面发表了一篇模仿剑7里考官的范文，这是老师自己写的一篇范文，然后给学生作为讲义。在我看来，这个就很有说服力，因为考官写的作文对于学生来说，基本上是可望而不可及，学生的语言达不到考官的功底，但是考官作文中表现出来的精、气、神还是可以模仿的，包括思维方式、布局等都值得模仿、借鉴。我不提倡拿来主义，但是如果教雅思不上无忧雅思网、3G雅思网、中国雅思网，也不到各大门户网站的雅思频道去看看、学习，不去了解学生发的留言，提的问题，你怎么能够把握最新的动态和信息？别人的一些好的东西可以学习、借鉴。不是说什么东西都是一定要自己原创、所有的都要跟别人不一样。有些东西人家都已经钻研、弄得很透了，那么，我们没有必要再把时间浪费在这些上面，借用过来加以延伸，融合到自己的体系中就可以了。因为课堂上我们不是搞学术研究，而是传播知识，当然我们要批注一下，或者进行一定的修改。创新的核心在于把已有的元素用新的方式来组合。

热播影片《阿凡达》《唐山大地震》有新意么？影片中的故事情节应该都是我们所熟知的。给学生上课不是说第一次这样教，第二次还是一样地机械重复，肯定需要想一想有哪些内容要补充进去，有哪些方面需要发扬光大、继续延续下去，即便同样的知识，也需要以最好的方式重新排列组合。我最不能忍受的是，我们很多老师的书架上摆放的全都是一些香烟、啤酒、化妆品之类的书，就是看不到一本像样的书。我们要投资于知识和学习，有时候我们买一本书，也许我们看完后只能够用到里面的一个章节、一段话甚至一句话，这样就值了。

记得我开始教托福阅读的时候，我住在国际关系学院。每到周末我就跑到图书城，进门我就知道最新的书摆放在哪个地方，只要是看到有关托福阅读的新书，我会毫不犹豫地把它买回来仔细研读。作为一名老师，我们应该认识到，创新绝不是一种异想天开，不是一种白日做梦，而是一种厚积薄发。

三、励志

现在的学生面对各种各样的生活、学习环境，难免会遇到各种各样的问题。这些问题如果不能够解决或者帮助他们开导，那么对学习的效果将会造成非常大的负面影响。尤其是当他们受到过一些现实的压力和打击后，很容易对未来失去信心，迷失方向。在课堂上插入一些哲理故事、尤其是励志故事是非常有必要的，有时候也许影响学生的不是具体的知识而是某一个故事。人生经历比较丰富一些的老师，我们可以讲自己的故事，跟学生分享，启发他们，激励他们。如果自身没有太生动的故事，我们可以通过一些典型人物的故事来激励学生，启迪学生，毕竟教育的落脚点是教书育人。

四、激情

很多学生对课堂没有感觉，作为老师，我们有义务、有责任点燃他们对学习、对生活、对梦想的渴望，帮助他们确立目标。在教学过程中，有些老师以为自己是“明星”，冲进课堂就讲课，讲完就走人，根本就不跟学生交流。不去了解课堂效果，根本无法把握学生的兴趣所在，又怎能与学生的期盼一拍即合，产生共鸣呢？

激情来自勇敢挑战更高的教学目标。

在教学过程中，我们同样要给自己定目标。比如有些词，老师自认为某些雅思词是重要的，他就这样去教，这样去讲，讲得眉飞色舞，但是实际上，这些词跟雅思究竟有多大的关系，连自己都不知道。这样的教学是不负责任的，我们讲词汇是为雅思服务的，因此在讲雅思词汇的时候，有必要把该词汇与在雅思写作中、阅读中的运用联系起来，而且很多词汇要用很多例子来讲解。没有关联性，学生不知道教授的知识是否有用，就难以激发学生的学习热情。

身心健康，是课堂激情的重要保障。

身体不好、心情不好，自然会或多或少地影响讲课的状态，缺乏激情。有的老师讲课，有气无力，讲得自己都快睡着了。激情不是说时刻要激情万丈、张牙舞爪。也不是整个课堂下来就一个语速一种声音，而是有急有缓、升调降调、抑扬顿挫，非常清晰。要让学生觉得听这个课是一种享受，随便冲进一个人来，听了片刻，都要让他舍不得走。有些老师是外在激情，而有些老师是内在激情，最好的一种状态是内在激情跟外在激情结合起来，这样的激情才能够让学生切实地感受到，才能够持久地延续下去。

五、时尚

以前讲新航道课堂要求的时候，我只讲四点：学术、创新、励志、激情。但是现在时代不一样了，课堂上还需要适当的时尚元素。我记得很清楚，最早的时候，我教的那些学生是现在这些学生的叔叔阿姨，他们靠优秀的成绩、靠奖学金出国。当时美国给你奖学金只需要看你的托福、GRE、GMAT成绩，其他的可以忽略。现在国外大学招收中国学生，更多的是看学生的综合素养。跟以前的孩子不一样的是，现在的孩子大多时间都在网络上，他们喜欢时尚、娱乐的一些东西，如今喜欢看报纸、看杂志的年轻人都可以称得上是90后的另类。如果现在让我去给这些年轻孩子讲课，我的压力是很大的，因为他们注意力的分散点太多，我需要精心去准备很多东西，才能把他们的注意力吸引到课堂来。要做到这一点，我们需要在课堂上适当地调剂，添加一些时尚、娱乐成分进去，迎合学生们的性格特点。

时尚源自课堂亮点与课程内容的完美结合。

时尚不是为了娱乐而娱乐，而是要与课程内容完美结合，要有相关性。尽管我以前不习惯在课堂上讲时尚的东西，但是我会在课堂上观察学生的表情。如果我发现我讲到某个点的时候，学生在睁大眼睛、竖起耳朵听，那么下课后我做的第一件事就是在这个地方做一个记号，记住我当时是怎么讲的。有一次我讲一个情节，居然破天荒地引起了哄堂大笑，这时我会拿笔记下来是讲什么的时候、怎么讲的，学生会有这样的反应，达到了这样的效果。

课堂亮点来源于对生活的认真观察。

当前的教学培训机构基本上可以划分为三大类：一类是“娱乐型”，即课堂上70%娱乐为主，30%传授知识；一类是“忽悠型”，即集中主要力量拓展市场，以各种方法争取客户，在教学上基本没有太多的投入；还有一类是“学术型”，即课堂上70%传授知识，30%则是在课堂上为提高学习效率而植入一些时尚元素和激励成分。新航道就是要努力打造成“学术型”外语培训机构。坦率地说，这三种没有一个是完美的，真正的完美是把三者结合起来。别人比我们做得好的地方，我们要虚心借鉴，向别人学习，不论任何时候，学习是我们必须具备的一种能力。

课堂亮点来源于相同的东西不同的表达。

即便是同样的课程，同样的内容，也不应该机械地重复，而要努力去添加一些新的因素，丰富课堂。有的老师每次讲同样的内容，但是给学生讲的都一样，没有改进，没有吸引学生的元素。我觉得最好的方法，是同样的一个内容用同样的方式去讲，然后可以在讲的过程中将课堂上的亮点，记录积累下来，在下次讲的时候不断地补充和更新，这样才会使你的课堂不断地进步。好的地方一定要延续下来，要做一个有心人、做一个用心人。

以上五个元素，每位老师在课堂上授课的时候应该作对比，看自己少了什么？什么做得比较到位？每次讲完课，我都会做一件事情，问班上哪个同学认为自己的笔记是做得比较好的，从几个人中选择一个最好的，借用他的笔记本复印。因为我认为一个同学笔记做得好，他一定是很认真，学习不错，更重要的是学生记的东西一定是他认为很重要的，这样的话这个笔记就可以为我下次的备课作一个重要的参考。如此反复。明星教师不是天生的，是打造出来的，是我们自己不断努力强化的结果。

爱是往下传递的

爱是往下传递的！就像接力棒，父母把爱传递给了我们，我们又把爱传递给孩子。我们内心那些关于爱的记忆绝对不是物质上的需求满足，而是凝聚在细微行动和言语中的沉甸甸的爱。

一位多年未见的企业家朋友从南非回来，途经北京，短短相聚，嘘寒问暖后聊得最多的是孩子的教育问题。

朋友说："胡老师，我这次回国一来是探望父母，二来最重要的事是解决孩子的教育问题。"

得知我的孩子已在美国上大学后，朋友满脸羡慕："您现在算是没有后顾之忧了，说实话，要是谁能帮我把孩子送到美国去留学，花再多的钱我都不在乎！"。

作为朋友，听完这番话后，我内心一阵酸楚。我说："爱不是简单的给予，物质、金钱无法替代爱，爱是往下传递的！我接触过很多家长和孩子，就拿留学来说，有些孩子拿到offer后，家长说的第一句话是：'终于把孩子送出去了，这下省心了。'言语中似乎把孩子送出国是一项义务，如释重负。结果，孩子出国后父母除了给予物质支持，对孩子的学习和生活不闻不问，父母与子女彼此的亲情越来越疏远，孩子的成长有时甚至与我们的期望南辕北辙。难道这就是我们的初衷么？"

朋友点了点头，感慨万千：“是啊，其实静下心想想，风里来雨里去地折腾大半辈子，到底是为了什么？不就是为了让孩子们衣食无忧、健康成长。结果，现在事业稳定了，但是跟孩子的沟通却越来越少，父子之间的关系却越来越僵硬了，您说我们这图的是什么啊！”

可怜天下父母心。我不知道朋友的这一番肺腑之言，道出了多少父母的心声？

因为忙于工作和事业，我跟很多同龄父母一样，对于孩子的教育也没有太多的发言权。在儿子的成长过程中，我在生活、学习等方面对孩子管得较少，跟孩子相处的时间不是很多，但是我可以说，我对孩子的爱绝不亚于我爱人，通过言传身教，我至少在两个方面为儿子树立了榜样：1.讲诚信。不论大事小事，只要我答应就一定做到，让孩子从中体会诚实、诚信的做人之道。2.能吃苦。只要认定一件事，就算再难再苦也会义无反顾，做起事情来属于拼命三郎。这就是我表达对孩子之爱的方式。孩子身上的这两个特点如今已经越来越明显，我相信这两点在孩子成长成才之路上一定能起到决定性作用。就说孩子的留学，尽管我是做英语教育的，但是当时我儿子是自己提出要去美国留学，然后他自己准备英语考试，准备申请材料，我们基本上没有插手。在大学本科期间，他同时攻读三个专业，还参加了多项业余活动和兼职工作，学习和社会实践两不误。

也许父爱没有母爱那样如涓涓细流，体贴入微，但是我相信无声的爱同样能够影响孩子的一生！而这种爱不是让孩子在物质上无忧无虑就能够替代的。父母之爱或许形式有别，但是其本质都是在给予、在传递爱。

“是啊，我们忽略了这一点，我们这代人都是吃过苦、在摸爬滚打中走过来的，父辈们教会了我们用辛勤、坚强、拼搏去赢得人生。我们当前的普遍问题是拼命满足孩子物质需求的同时，却没有好好思考如何用真心、真情、真意去传递这种爱。”朋友无奈地说道。

爱是往下传递的！就像接力棒，父母把爱传递给了我们，我们又把爱传递给孩子。在我内心深处，最刻骨铭心的爱，不是上学时父母给过我多少零花钱，而是父亲利用出差机会从书店为我买来两本珍贵的英语学习资料；最能让我感到踏实与幸福的不是家庭充盈、衣食无忧，而是母亲嘴里不厌其烦的叮嘱……我们内心那些关于爱的记忆，绝对不是物质上的需求满足，而是凝聚在细微行动和言语中的沉甸甸的爱。在中国有一则家喻户晓的故事：小鹰长大后，母鹰会搅动窝巢，让巢上的枯草、羽毛掉落，而暴露出尖锐的小石子和荆棘。小鹰被刺痛得哇哇叫，可是母鹰仍加以驱赶，小鹰只好忍痛振起双翅，离巢单飞。老鹰深爱着它生养的小鹰，为了让小鹰能成长为翱翔的雄鹰，它们就是这样一代代哺育着，将爱传递，在残酷的自然选择中生存了下来。美国家庭早早将孩子“赶出”家门，让他们自食其力，道理都同出一辙，这就是他们传递的爱，这样的爱是一种大爱！

不论是“孟母三迁”，抑或“岳母刺字”；不论是推崇“严师出高徒”，还是倡导“赏识教育”“个性化教育”，时代在变，形式在变，但是我们传递的一种大爱却从未改变！这是为人父母义不容辞的神圣责任，就像教育的使命是“传道授业解惑”

一样，一代代人因此而受益，一代代人又为此而奋斗着，从为人儿女到为人父母，再到为人师表，我们就这样延续着、传递着、书写着不同的爱的故事……

发呆的智慧

在我看来，发呆是一个人暂时卸下压力、平息混乱、净空心灵，
找到内心最真实的声音与勇气的绝佳途径。

有一次去山东作讲座。讲座前，《财富周刊》记者对我进行采访，其中问到：“在创业过程中面对诸多压力，您是如何消解的？”我笑着回答：“我很喜欢‘发呆’，它能够让人清醒，弄清以后要走的路。”

发呆？是的。在家里、飞机上、办公室里……我常常会一个人自然而然地发呆，而很多时候面对困难的勇气和智慧正是得益于这不经意的“发呆”。国外对“发呆”早有研究，日本东北大学发现，发呆可以增加大脑蛋白质活动，帮助人们更能看清事物间的联系，增强创造力思维。而美国哈佛医学院和马萨诸塞州立大学的研究人员也曾作过一项检测证明：心无杂念、大脑里什么也不想的时候，大脑可以有效抑制信息超载，让人的注意力和意念更加集中，从而改善情绪，减轻压力，缓解焦虑不安。在我看来，发呆是一个人暂时卸下压力、平息混乱、净空心灵，找到内心最真实的声音与勇气的绝佳途径。

记得2006年寒假，新航道遇到前所未有的困境：资金短

缺，创业团队信心动摇，行业竞争压力大……同事们都陆续回家团圆了，而我则作了一个决定：把妻儿都送回湖南老家过春节，我一个人留在北京。这是我有生以来第一次独自一人过春节。整整七天，我把自己关在屋子里，一个人坐在那里长时间发呆，思考是否继续创业，想得头几乎都要破了。

第七天，我决定出去走走。走出房门，一束阳光倏地一下洒在身上，久藏一冬的寒气与慵懒顿时全无，阳光下呼吸新鲜的空气，我突然感觉到疲惫的身躯被大自然注入了一种活力。与其说是被大自然注入了一种活力，不如说七天的静思，让我彻底想明白了新航道的现实处境及走出困难的途径，并坚定了心底的信念：新航道的创建是为了真心真意地用自己积累了二十多年的英语教学与管理经验去做好教研，培育好每一个学生。那课堂上激情洋溢的老师，那校园里挥洒汗水的市场人员……最重要的是那心怀英语学习与留学梦想的学生，他们那双双渴望知识的眼睛让我热血沸腾，充满力量！我对自己说：从现在开始，继续做新航道，而且将用我的生命去做新航道！当一个人用自己的生命去做一件事情的时候，还有什么能够阻挡你前进的步伐呢！

淡泊明志，宁静致远。面对困难，每个人都有不同的处理方式。对我而言，这七天的独自静思、发呆无疑是心灵与思想突围的一剂良药，让我内心对于教育追求的星星之火一直燃烧到现在！发呆能够恰到好处地帮助我们于物欲横流的俗世中回归淡泊，能够帮助我们于浮躁焦虑的现实中让心灵回归宁静。

周国平曾这样描绘其发呆时的情境：“发呆是一个人从周

围的世界抽出身来，在发呆的时刻，我们调整情绪，修复心灵，积累感觉，酝酿思想。”现实中，我们常常因为无法净空心灵，无法卸下眼前的欲望和身上的负重，而难以作出正确的判断。乔布斯给这个时代留下了很多财富，也引发出了很多思考。曾有人问：中国为什么出不了乔布斯？其实一个人的兴趣、特长与未来的成就，跟他的成长经历息息相关。与其说中国出不了乔布斯，不如说是因为乔布斯独特的生活与成长经历造就了他的成功。作为一名虔诚的佛教徒，乔布斯19岁时就曾在印度最炎热的时节穿着破烂的衣服光脚朝圣。美国传记作者沃尔特·艾萨克森面对面采访乔布斯40多次，在乔布斯唯一授权的传记中，乔布斯把对事物专注的能力和对简洁的热爱归功于他的禅修：“禅修磨炼了他对直觉的欣赏能力，教他如何过滤掉任何分散精力或不必要的事情，在他身上培养出了一种基于至简主义的审美观。”乔布斯每天都有禅修习惯，他的办公室里几乎什么都没有，只有房中间的一个坐垫，用来打坐。每次决策前，他都会先闭目静坐。我对“禅”没有太多的了解，但是我相信参禅的过程一定需要一颗宁静的心，质朴无瑕。从这个角度而言，发呆跟参禅的过程异曲同工，都是让我们挣脱纷繁尘世的喧嚣，让心灵回归平静，听从内心深处的声音，作出正确的抉择。

水静极则形象明，心静极而智慧生。人生就是这么奇妙，当我们深处困境时，往往容易因为以往经验及身外的声音而放大困难，止步不前；当我们面临众多选择时，常常容易瞻前顾后、无所适从。我们不妨安静下来，让心灵回归宁静，反而能清晰地触及事物的“本质”，聚集内在的力量，全神贯注去解决问题，也许那些曾经百思不得其解的问题，会在瞬间迎刃而解！如此，发呆难道不是一种智慧么？

享受婴儿般的睡眠

人生有1/3的时间在睡眠，换句话说，其实每一个人都是在用这1/3的时间换得2/3的精力用于生活与工作，睡眠能不重要么?

你拥有“婴儿般的睡眠”吗?

也许我们从来就不曾思考过这个问题，也许在朝九晚五的生活节奏下，我们忘记了停下来审视自己的健康，也许我们曾经关注过自己的健康，却因为学习紧张或工作忙碌而无暇顾及。

有一次，爱人问我：“胡敏，你知道这么多年来我最佩服、最喜欢你的是哪一点么？”我说：“不知道啊，是什么呢？”“你有婴儿般的睡眠！”我很吃惊，因为我自己从未察觉。每天从家到新航道总部去上班，车程大约20分钟，但是就是这短短的20分钟，我还可以打个盹，这已经成为我这么多年来的一个习惯。一般我在车上坐下来以后，跟司机说：从现在开始，我休息一下。基本上不到一分钟，同车的人就可以听到我均匀的呼吸声。

我们常常因为过于纠缠于过去的成功与失败而不敢前行；我们常常因为过于担忧未来的不确定性而忧心忡忡；但事实是我们总是活在当下。我们为幸福奔波然，而最后我们却与幸福南辕北辙，我们中有不少人甚至连基本的睡眠都难以保证。有调查显示：83.9%的受访者表示自己存在入睡困难、睡不踏实、多梦等“睡眠亚健康”状况；86.7%的受访者感觉自己的实际睡眠时间与理想睡眠时间有差距；35.4%的受访者无法在30分钟以内入睡。其中，30.7%的人要用30分钟至1个小时才能入睡，另外，还有4.7%的人要在1个小时之后才能入睡。人们最大的问题不是我们没有时间睡眠，而是我们无法快速入睡。人生有1/3的时间在睡眠，换句话说，其实每一个人都是在用这1/3的时间换得2/3的精力用于生活与工作，睡眠能不重要么？

诚然，学习、工作或生活压力大，是一种不可忽略的客观事实，每个家庭甚至每个人都有一本难念的经。然而一个人的睡眠质量跟他所面临的生活、工作客观环境，真的有直接关联么？婴儿般的睡眠无关工作、无关生活，而在于我们的内心所营造的世界，这绝非“唯心”或“唯物”之谈，而是一种当下的力量，这种力量能够帮助我们实现内心的平和。英国首相丘吉尔是一个喜欢享受睡眠的人，躺在床上绝不会胡思乱想，很快就能入睡。除了夜间睡眠，丘吉尔还很重视午睡。午睡在欧美被视为懒惰的表现，欧美人是不午睡的，但只要有条件，丘吉尔会坚持每天午睡1小时。二战期间，德国轰炸机对伦敦持续了57夜的轰炸，平均每夜有200架德机袭击伦敦。丘吉尔指挥着战斗，每天只在凌晨才睡上两三个小时，他采用“猫儿打盹”的睡法弥补缺睡的困扰。每当乘汽车穿梭于政府各部门之间，或者乘飞机“出勤”时，他就抓住途中间隙，在坐椅上打盹或闭目养神。打盹时间虽短，却能补回缺觉，为大脑充电。丘吉尔拥有的这种“婴儿般的睡眠”，是他毕生精力充沛、至90岁高龄依然头脑清醒、思维敏捷的重要原因之一。

据国外医学专家研究发现，60%的失眠都与精神因素有关。大多数时候，我们睡不好，是因为总有事情放不下。因为这些事情导致我们整夜思考，彻夜难眠。但反过来，彻夜不眠就能解决问题么？这种失眠往往于事无补，到了第二天我们昏昏沉沉，状态不佳，导致白天该好好工作的时候精神萎靡不振、犯困，而到了晚上又因为白天的睡眠而精神兴奋无法入眠，出现恶性循环。

我常跟同学们说：每一个人最应该担心的问题是天塌下来。但事实是，天会塌下来么？不会！所以任何时候不管你是什么样的处境，不管你受什么样的挫折，我们都应该对自己充满信心，晚上好好休息，第二天早上起来精神抖擞地推开窗户，迎接灿烂阳光，开始新一天的工作和生活。我常常一周连续往返于三四个城市作大型演讲，面对台下的听众，压力自然不小，但是压力并不能影响我的睡眠。在每次睡觉前，我都清楚地知道醒来后我第一件事要做什么，有哪些事情需要醒来后去做，所以睡眠是为了更好地把接下来的事情做好。把握当下，就是在酝酿未来！

陈立夫先生在2000年他百岁寿诞时，将多年亲身经历所得整理成《我怎么会活到一百岁》一书，详述了他的养生之道，其中有一条，他提到“能熟睡”。一睡下去，不到几分钟，就能睡着，而且睡得很熟，在他看来这是消除疲劳、永葆精神的最有效方法。在那个战火纷乱、四处狼烟的时期，他尚且能够保证婴儿般的睡眠，那我们如今又有什么可堪忧的呢？睡眠是人生的美餐，是生活的赐予，我们何不好好享受呢！

生命诚可贵，健康价更高，让我们享受睡眠，品味生活，让睡眠保养人生，以饱满的姿态去迎接阳光灿烂的每一天！

大学里到底应该学些什么

大学是每个人塑造良好品性的关键时期，大学之学，不在于学什么专业，做过什么事，而在于我们是怎样去做的。

大学新生开学第一课

只有在大学开学第一课中树立目标，明确对自己的定位，找到合适的方法，并且坚持不懈地努力，你的大学四年才可能产生丰富的成果，否则，你可能就是来打酱油的。

亲爱的同学们，大家好！

很高兴能够在这里和各位大一的新生聊聊大学学习。有人曾经问我："胡老师，作为一位著名教育专家，您能不能用一句话概括一下您的经历？"我回答说："从上别人的课到给别人上课。"上别人的课是我在求知，给别人上课却是我的事业。在我近30年上过的无数课程里，我一直认为，最重要的一课，就是开学第一课。这是因为，只有在大学开学第一课中树立目标，明确对自己的定位，找到合适的方法，并且坚持不懈地努力，你的大学四年才可能产生丰富的成果，成为一生中难忘的一段时光，否则，你可能就是来打酱油的。大学生活的方方面面，丰富多彩，而今天我只和大家分享英语学习这一块的经验。

先说说思维方法的问题。

我想，一定有无数人在你们人生的每个阶段都强调要建立目标啊，树立理想啊什么的，想必大家耳朵都已经听出老茧了，很多同学面对这样的说辞，已经成为淡定哥了。但是，我想问大家一个问题，什么叫做树立目标？我们为什么要树立目标？其实，这里面蕴含着一个极其重要的思维方法，我把它称为“结果倒推法”。你的目标、理想，就是你四年后想要的结果，那么倒推回来，为了达到这一结果，每一步该怎么走？需要哪些资源？需要付出哪些努力？这些问题的答案，就是你的行动计划。你想要的结果，给你提供无止境的奋斗动力，而行动计划则给你提供达到结果的路径。有了这两个，剩下的就只是辛勤的努力、汗水和泪水了。这个世界上所有成功的人都不一样，但是他们成功的思维方式一定都一样，都是结果倒推，坚持到底。正是从这个意义上来说，你要的结果有多高，决定了你的成就有多高，也决定了你的付出有多少。就像我做新航道，从一开始，我和我的创业团队就明确地知道，我们要做百年教育，我们要做国际化集团，这和我要做个培训班，做个“一人吃饱全家不愁”的小机构完全不同。所以，新航道花了6年多的时间，从3个班7名学生做到了全国20多家分支机构，每年几十万学生的规模。现在，你还能说，树立目标，只是一句套话吗？

那么，同学们，大学的英语学习，我们的目标是什么呢？

我先来给大家做一做结果倒推。对于各位同学来说，大学四年毕业后，你的结果无非是三条路：考研、出国留学、就业和创业。先说就业。你一定知道，现在大学毕业生的就业率没有以前高了；你一定知道，大学毕业生的平均薪酬涨幅没有物价涨得快；你也一定知道，每份薪水高的工作，每个著名的企业，特别是外企，对你的要求也比一般人高。当你毕业后拿着一个月2000～3000块钱的薪水，而看到你的同学拿着5000～6000的薪水在世界500强企业工作的时候，你会想，为什么那个人不是我？为什么？这其中很重要的原因就是你的英语能力。注意，我说的是英语能力，而不是英语考试成绩。前几天，我的一位朋友向我诉苦，说好不容易给他家学金融的儿子联系进了汇丰银行工作，结果三个月的试用期到了就被辞退了，原因是根本适应不了。每天都要用英语写邮件，每天都要用英语读《华尔街日报》，每天都要用英语和上司、同事交流，他的儿子专业成绩很好，却栽在了英语这个工具上。职场是非常残酷的，你大学四年在英语上的每分付出和努力，最终只需要在5A级写字楼小小办公间的5分钟谈话就可以检验。所以，如果你想在职场上领先一步，走得更远，那么，英语运用能力就是你的必不可少的核心竞争力之一。

再来说说创业。现在的中国越来越开放、发展，因此也产生了越来越多的“中国机会”，造就了越来越多的年轻的亿万富翁，大学毕业白手起家创业成功的例子比比皆是。大学毕业生要创业，最快的捷径是借助风险资本的力量。你们才华横溢，有着非凡的想法，如果再得到风险资本的助力，效果一定是1+1＞2。但是，同学们，你知道怎么获得风险资本的青睐吗？我的很多风投的朋友告诉我，他们就看两点：第一，看商业模式；第二，看团队，尤其是看团队核心人物是不是具备国际化素质。这其中最重要的一点就是英语交流与沟通的能力。你是否能向风投们提交规范的英文商业计划书？你是否能用地道、流利的英文向风投决策人侃侃而谈你的商业梦想？你是否能够从容自如地和你的国际合作伙伴进行交流？这些看似不起眼的地方，往往决定了你的创业是否能够成功。所以，良好的英语能力，能够为你的创业插上腾飞的翅膀。

最后来说说考研和出国留学。这两条出路，都有着一个共同的门槛——英语考试。对于考研来说，是你很难在专业课、政治科目上超出你的对手20多分，但是却可以在英语上领先别人一个数量级。2011年的考研人数是151万人，历史最高，在这种残酷的竞争中，英语多拿一分，意味着你可以干掉4000多个竞争对手，意味着你离中国的名校牛专业更近了一步。所以有句老话，叫做考研就是考英语，至于你信不信，我不知道，反正我是信了。对于出国留学来说，情况更简单，如果你想去英国、加拿大、澳大利亚等英联邦国家，那么你得考雅思。如果你想去美国，那么你得考托福以及GRE。为了实现你留学世界名校的梦想，你必须同英语进行长期艰苦的斗争。这是一场公平的较量，不论你是“富二代”还是家境贫寒，不论你是“官二代”还是平头百姓，决胜的因素之一就是英语能力。

同学们，胡老师给大家分析到这，你们应该清楚地看到，无论你大学毕业后要走哪条路，想要的结果是什么，都离不开英语能力的培养这一共同要素。所以，大学第一课，我要告诉大家的就是，不管你是什么专业，不管你将来选择哪条出路，也不管你喜欢不喜欢，英语能力的培养，就是你大学四年一个极其重要和不能回避的目标。接下来的问题是，怎么实现？我再教大家一个方法，那就是目标分解，早作准备。

我想问问大家，英语课和马哲课的区别是什么？很简单，那就是马哲是能突击的，而英语只能积累。在中国应试教育的体制下，大家都变成了突击的高手，而不是打持久战的高手。你一定经历过考前一夜不睡狂背，第二天考完出来全忘的情景吧。但是，胡老师告诉大家，英语绝对不能这么学。我经常在新航道的课堂外碰到学生问我这样的问题：

“胡老师，雅思怎么才能上7分？”

我问：“你学雅思多久了？“

答：“一个月了。”

我又问：“你什么时候考？”

答：“下个月。”

这个时候，我的内心总有一种无言的纠结，同时又涌起深深的惋惜。为什么我们的同学每次都要被逼到墙角的时候才开始临阵磨枪呢？为什么我们的同学都寄希望于各种投机的方法而不是认真踏实地早作准备呢？语言学习的规律之一就在于需要日积月累，水滴石穿，如果你做的事情总是违背语言习得规律的，又怎么能取得好成绩呢？所以，我希望大家从大一开始，就早作准备，提前学习。

比如，你想要的结果是大四上学期取得雅思7分的成绩，那么就把目标分解、细化。7分需要你掌握7500个左右的单词，如果你从进大学第一天就朝这个目标努力，那么你有3年的时间来搞定单词，分解到每一天就是7个单词。同学们，每天背7个单词要花你多少时间呢？5分钟！如果你等到考前2个月再来突击，那么每天要背125个单词。还有口语呢？阅读呢？写作呢？每天24小时全用上都不够，而且效果呢？但是，你从现在做起，每天5分钟的单词，25分钟的阅读，15分钟的听力，15分钟的口语，累积起来，到你大四的时候就是一个巨大的竞争优势。你有着这样深厚的积累，无论选择哪条出路，无论应对哪种考试，又怎么可能考不好，怎么可能不犀利呢？

同学们，胡老师今天给大家讲的，都是朴素而简单的道理，这是我人生一路走来不断取得成功的最大经验。展望大学生活，我想告诉大家，对于英语学习，要树立目标，结果倒推，提前准备，持之以恒。简单的事情重复做，你就是专家；重复的事情用心做，你就是赢家。希望大家用你们的热血、汗水和奋斗，来度过大学四年你人生中最美好的时光。最后，我用新航道校训来和大家共勉，那就是——我坚持，我成功！（I will persist until I succeed！）

大学新生考研第一课

对于每一个计划考研的学子而言，我们无处安放的不是青春，而是时间！备战考研的过程其实就是一个不断解决内心疑惑的过程，在考研之路上，每个人都会不可避免地遇到并要去解决这三个问题："为什么?做什么?怎么做?"

人生像一场赛跑，大学教育则是其中最重要的一段路程。前面的十余年只是耐力的对决，而步入大学就意味着真正的冲刺阶段！考研，则是对每个学生之前全部努力和学习成果的终极检验。每次谈到考研，我都会想起那个学生：高考志愿填写的时候，他尊重父母的选择报考了自己并不喜欢的医学专业，但是他又不想放弃自己在生物学方面的兴趣和梦想。所以他从大一开始，除了学好本专业课外，还自学生物学专业的课程，并且给自己确立了目标大学。大四毕业时候他既拿到了本科专业的毕业证书，又取得了他心爱的大学的生物学硕士研究生专业录取通知书。

跟大家分享这个故事，无他，只是想告诉同学们：大学是一个新的起点，考研则是另一个新的起点。两个起点之间，我们要记住：不谋全局者，不足以谋一域；不谋万世者，不足以谋一时。其实，对于每一个计划考研的学子而言，我们无处安放的不是青春，而是时间！备战考研的过程其实就是一个不断解决内心疑惑的过程，在考研之路上，每个人都会不可避免地遇到并要去解决这三个问题： “为什么?做什么?怎么做?” “为什么?”就是你为什么要考研，需要明确一个目标，作出你内心的选择；而“做什么和怎么做?”则是用正确的方法去实现这个目标。

为什么考研?

关于为什么要考研，相信一千个同学会有一千种不同的回答。就此问题，网络上曾有人列举出从字母A(Ambition抱负)一直到Z(Zero从零开始)的不同的考研理由，除了更好的就业、更深入的学习等等理由外，我想提醒同学们的是：一定要跟个人兴趣相结合。

2010年，北大“首都高等教育”学科群项目组对北京高校在校学生进行的调查显示，重点高校、一般本科、高职院校分别有32.3%、39.1%、36.9%的学生表示：对所学专业不感兴趣。对于那些想投身于自身兴趣的专业与领域的同学而言，考研无疑是一个绝佳良机。为什么考研？报考哪所大学?学什么专业？这些问题归根结底是个人兴趣与未来发展问题。从小学到初中再到高中，我们基本上都是按部就班，跟着学校安排，一步步这样学过来的，我们没有太多的自由根据自己的兴趣作出选择。很多学生在高考填报志愿时，对于所选择的专业也仅有一个感性认识，在好的学校与心仪的专业之间难以取舍，还有很多同学因为各种原因而未能选择自己真正喜欢的专业。我是考研过来人，记得我第一次报考的是辞典编撰专业，当时只因这个专业时髦，有前景，所以就报考了。经历了整整一年多痛苦而艰辛的备考后，结果还是与研究生失之交臂。经过一番彻底的反思后，我总结出失败的两点主要原因：1.报考专业的选择上盲目跟风，选择了一个自己并不感兴趣的专业；2.自己并不擅长，此前对此专业知识没有任何了解。那么我们到底应该如何选择呢？不妨作一个简单的问答游戏，给自己提出几个问题：1.你喜欢做什么；2.你擅长做什么；3.未来你想成为什么样的人？要成为这样一个人，需要具备什么条件？回答完这些问题后，相信你心里一定会有答案。

需要做什么？

确定了专业方向和报考院校，那接下来的工作就是用正确的方法做事。在中国传统教学的熏陶下，我想大家一定耳濡目染了一种思维习惯：重点与难点。这种最简单、基本的思维方法也同样适用于考研。记得有位同学在我微博中的留言："胡老师，我要感谢您，我2010年第一次考研，虽然总分过了A区的线，但因为英语的原因，连C区都不能调剂。2011年我认真做了您编写的《考研英语阅读理解精读200篇》，英语成绩迅速提升了26分，顺利考上了武汉大学的研究生。在这里跟您说一声谢谢！"的确，"得英语者，得考研天下"，这是众多考研过来人的肺腑之言。在考研科目英语、数学、政治、专业课程中，我们可将备考重心归纳为两个点：重点是专业课程；难点是英语。专业课分数所占比例大，对考研的成功与否将起决定性作用，因此在大学四年期间："重点、难点两者都要抓，两者都要硬！"数学和政治经过一定的练习和复习基本上是没有什么问题的。

明确了重点与难点，就可以从大一开始着手准备了。英语与专业知识都是一个细火慢炖的过程，掌握扎实的英语基础知识，多阅读英语报刊。考研英语的文章基本上都是节选于最近几年国外的杂志、报纸，这类文章从句型、风格到用词方面都有其固有的特点。如果同学们从大一开始就坚持进行阅读，那么就能对考研英语的资料做到非常熟悉，从而在最后的考试中占有先机。对于大学本科专业与考研专业不同的学生而言，广泛涉猎专业学科知识，拓宽知识视野是非常迫切的。扎实的专业知识是根本，同时在学习期间应该注重各科知识相互的通融性。第三学年，在掌握专业基本知识的基础上进一步提高和深化，譬如多阅读国内外一些著名学者的文章和专著，了解学科的研究动态和热点。根据以往经验，在硕士研究生入学复试中，老师一般会提问一些关于学科专业研究的情况，包括你所阅读过的学科专著。进入大四，开始对以前所学的专业知识进行全面复习巩固，进入考试冲刺阶段。

应该怎么做?

有人说，考研不应该从大一时开始规划，因为这样很容易半途而废，没有冲劲。这种说法的确有它的道理。据教育部公布的2011年研招数据显示，2011年全国研究生报考人数创下历史纪录，达到151万余人，比2010年增长11万人，考研平均录取率近33%，那些未被顺利录取的人绝大多数是因为无法坚持。那么如何让你的考研之路在大学期间不半途而废呢?在制定计划过程中，我向大家推荐一种“逆向工作策略(working backward)”，即从想要获得的目标开始逆向操作。我们可以从历年的考研试题中找到自己的差距，根据差距，分阶段逆向倒推出每一学年应该学习的内容，随时提醒自己，差距在哪?应该如何跟进?

同时，在执行计划过程中，我们要善于将目标分割开来，用一句话概括就是：长远目标短期计划!用英语来说，就是："Think Big，Do Small." 在行动期间，我们缺乏动力，往往是因为目标太遥远而显得实现的那天遥遥无期。但是如果我们将一次马拉松比赛当作一次又一次的短跑，你就会发现你将拥有源源不断的力量。比如英语，我们可能在学习的时候不知道如何衡量自己到底学得怎么样，那么我们可以通过大学英语考级来不断地鞭策、考核自己：四级、六级……这个过程不论是从词汇上、听说读写方面都是在全面地为日后的考研英语作准备。如果真的能脚踏实地坚持学习，那么到了大四时候的考研英语，已不再是你的拦路虎，而会成为你的竞争利器了!

年轻的朋友，大学不只是考研，你们还将收获许许多多精彩的学习与生活，你们在大学校园度过的点滴岁月将成为你们人生最美好的回忆。然而既然你将考研作为大学的一个重要目标，那考研目标的实现无疑将令你的大学生活更加充盈而美好。赛场就在前面，早一步迈开脚步，赢得时间，就能早一步冲向终点!

大学里到底应该学些什么

大学是每个人塑造良好品性的关键时期，大学之学，不在于学什么专业，做过什么事，而在于我们是怎样去做的。

曾经读到一篇文章，说某大学生去一家英国公司面试，面试官给每人发了一张纸，上面只有一道简单的题目：英国每年买几个高尔夫球？没有其他数据，要求在40分钟内完成。

看到这个无厘头的题目，大学生几乎都傻眼。既来之，虽不知具体答案，但总可以说说自己的解答思路。于是，她开始在纸上将自己的思路写下：球的数量与市场需求有关，市场需求与人口有关，再假设最有可能打高尔夫球的50岁至45岁之间有多少人，多久一次，需要用多少球。为使数据精确，还写明了如何进行抽样调查……阐述完毕后，她提交了答卷。两周后，她收到了该公司的录用通知。

其实，大学所学并不只是储存在大脑记忆库里的书本知识、固定答案，更是一种分析问题的方法。近日，网络上流行一个"口袋技能"的说法，顾名思义即无论身处哪一行业，哪些岗位，都能随时拿出来用的技能，包括思维能力、沟通能力、团队合作能力、应变能力等。许多用人单位并不强求人才的专业对口，而更看重员工的“口袋技能”。大学教育应更注重学生素质和技能的培养。在我看来，这里的学生素质指的就是良好的品性，正直、诚实的为人处世之道；而技能，一是指专业知识与技能，二是做任何工作所需要的通用技能，如语言沟通、分析问题、解决问题的能力，即通常我们所说的德才兼备。大学的专业学习，社团活动的参与，不仅在积累丰富理论知识，更重要的是在潜移默化中训练一种分析问题、解决问题的方法，这是一个合格大学生最需具备而又容易被忽略的。

步入大学，很多同学疑惑不知如何处理大学所学专业与未来职业的关系。比如有同学问我：“ 胡老师，本人对广告学真的很感兴趣，但不是学广告学的，稍微搭点边儿，您认为我毕业后还能进入广告行业么？”这位同学毕业后能否进入广告业，不能就此定论，因为走向社会后你会发现，所学专业与未来所从事的职业并没有太直接的关联，尤其是当你毕业10年、20年后，再回头对比自己所学专业时，这个现象会更加明显。

美国总统奥巴马上台后提任了美国最高法院首位拉裔大法官Sonia Sotomayor。如果按照中国的常规推理，这个大法官应该是法律专业出身。但事实并非如此，这位大法官本科所学专业是历史。其实，大学专业的学习目的不是赤裸裸地为工作而学！在这个问题上，似乎中国学生表现得比较功利化，比如，一个学生毕业后想经商，他报考的第一专业可能会是市场营销。而如果一个学生毕业后的定位是职业经理人，那他首选的专业十有八九会是管理类专业，可能还想读个MBA。这种想法完全合乎逻辑，也无可厚非。然而在我看来，大学里的专业就像一个圈子、一个平台，你可能会认识很多这方面的人，但专业的学习不仅仅是书本知识，更重要的是通过专业知识的学习培养一种思维方式、解决问题的方法和思路，这些能力不受专业所限，能让你终身受益。

爱因斯坦说：教育就是当一个人把在学校所学全部忘光之后剩下的东西。为什么本科学历史的人也能成为美国大法官？学历史可以很好地培养一个人批判性阅读和思考的能力，而这种能力恰是美国法官最应具备的能力。他们需要阅读大量的法庭记录，并且进行分析、推理等工作。这种能力正是本科时历史专业培养起来的，所以学历史的人最终能成为美国最高法院大法官，也就在情理之中了。事实上，美国法学院录取委员会对未来法学院的学生有过建议：法学院想要的学生是那些具有批判性思维能力、有良好的写作技能、对塑造人类经验的各种力量有相当理解的人。其实学什么专业并不重要，重要的是你通过这个专业培养了一种思考问题解决问题的能力，能力的培养才是根本。

我们通常说，一个人具备某种能力往往是因为其“显性”特征，比如你学会计专业，别人可能会认为你具备相应的会计知识、专业基础，而你参加一个文学社团，别人可能会认为你具备一定的文字写作功底。但是还有一种“隐性”的能力，其实是更重要而通常容易被忽略的，比如说学过会计的人，工作上会比较精细，对数字的处理能力比较强；而参加过文学社团的人，可能具备文字上的严谨性，处理问题比较有条理，同时具有看问题的辩证思维能力……这些能力一旦养成，将陪伴我们一生，而成功真正的后劲往往在于这些“隐性”的能力。并非学什么专业就可以成为什么样的人才，它们之间的联系并没有我们想象中的那样密切。马云在大学学的是英语专业，但现在他是中国电子商务的领军人，相反，很多学MBA出来的学生，并不能如心所愿进入企业的管理岗位，可能做了策划工作，或者一名普通的营销职员。

大学是每个人塑造良好品性的关键时期，大学之学，不在于学什么专业，做过什么事，而在于我们是怎样去做的。因为专业的学科知识可能被遗忘、被折旧，大学的真正所学是通过专业知识的学习、社会实践的参与、课外知识的涉猎获取一种思维方式、沟通与解决问题等方面的能力，并在这些能力的培养中培养良好的自我素质。这种能力和自我素质的塑造，才是大学教育之后剩下的东西，这剩下的东西才是你未来安身立命的真正资本！

我们为什么要学英语

不让英语学习只局限于背单词、记语法，因为记住了不等于会用了；不让英语学习只停留在应试层面，因为高分低能注定会被这个时代淘汰；不让英语水平仅仅满足于简单的社会交往，因为世界的融合意味着彼此之间的深度交流与分享。

为什么要学英语？确切地说，如今我们应该思考的不是为什么要学英语，而是如何让英语为我们所用，因为英语在我们的生活中已经变得无处不在。据统计，全世界60%的广播节目是用英语进行的，75%的电视节目是英语，互联网上多达80%的信息都是英文，绝大部分国际会议以英语为第一通用语言。英语还是联合国的正式工作语言之一。

Why do we learn English? In fact, an even more appropriate question is not why we learn English, but how we can make English work for us. English has become an almost unavoidable part of our lives. Statistics show that, globally, 60% of all radio broadcasts, as are 75% of all television programs and 80% of all information on the World Wide Web is in English. The vast majority of international conferences also use English as their primary language and English is one of the official working languages of the United Nations.

我非常赞同托马斯·弗里德曼在《世界是平的》一书中提到的观点，他认为全球化的过程，就是从国家到企业，再到个人主导全球化融合的过程，在世界变得更平坦的未来30年之内，世界将从“卖给中国”变成“中国制造”，再到“中国设计”甚至“中国所梦想出来”。这个过程我们可以从留学中一窥究竟：从最早的国家公派出国留学，到跨国企业的交流与融合；从精英留学，到近几年的大众留学。所有这些都见证着中国国际化的进程，而英语就是国际化的桥梁！可以说，中国改革开放30年，实现了从精英出国到大众留学的转变，这个转变也伴随着国人对于英语认知水平的逐渐转变和提高。

I agree with one of the points that Thomas Friedman made in his book *The World is Flat*, which basically says that the process of globalization proceeds from the state, to business to the individual, and in the next thirty years, as the world becomes 'flatter', the world will move from 'sold to China' to 'made in China' to 'designed in China' and even 'dreamed in China'. We can see a microcosm of this process in trends among students studying abroad from the earliest publicly funded students, to cross-border cooperation and integration between businesses; from opportunities to study abroad limited to only elite students, to a much greater number of students being able to pursue education in other countries. All of these are evidence of

China's increased internationalization, throughout which English has been a major supporting factor. In the 30 years since China began its movement of reform and opening, there has been a change from only elites studying abroad to a greater range of individuals having the opportunity to study abroad. Without a doubt, this has been a direct result of the gradual increase in the level of English among Chinese students.

英语学习1.0时代——敲门砖

English Learning 1.0 – English as a foot in the door

早在二三十年前，如果被问到为什么要学英语，许多人的回答可能是：英语是一块敲门砖，是在学校拿文凭、在单位评职称、晋升等必不可少的条件。对于那个时代的人来说，因为环境的相对封闭，在实际工作和生活中使用英语的机会几乎没有，所以只用死记、硬背、考试、过关、拿文凭就可以满足需要了。英语学习的理念，更多地停留在如何背单词、如何抠语法、如何考高分这些基础层面上，英语被当成“数理化”一样的纯知识型科目来学，“题海战术”一度成为解决问题的灵丹妙药。

Twenty or thirty years ago, if they were asked why they were studying English, many people would have said that it gave them a 'foot in the door' and was a must-have for university degrees or promotions at work. For people at that time, there were very few opportunities to actually use English in their jobs or life because China was relatively closed. This meant that as long as you memorized enough English to pass your exams and get a degree, it was enough. The way people learned English was simple memorization of vocabulary, regurgitating grammar and getting high scores on tests. English was treated very mechanically and memorizing the answers to all possible test questions became the solution of choice for most students.

英语学习2.0时代——工具
English Learning 2.0 – English as a tool

随着改革开放的推进，我们国家越来越开放，经济、政治、文化等方方面面与国际接轨，英语学习的内涵也悄然发生了变化。对于大多数70后和80后的学生来说，英语就是一门工具，无论是升学、找工作还是与外国人交流，都能派上用场，譬如北京秀水街外贸市场的小贩，学几句英语就能拉生意，赚到钱。人们开始真正感觉到，英语是有用的。英语也从纸面上的东西，进入到了我们的生活和工作中。从英语学习的方法上讲，这一时期人们更关注的是如何对“工具”临阵磨枪，如何寻找捷径来巧妙应对，追求短期效果，忽略长期积累。然而，我必须指出的是，把英语当作一种工具，这种学习理念是有缺陷的。因为工具只有在人们需要使用的时候才会想起，平时只束之高阁，所以会生锈。这也很好地解释了许多英语学习者的痛苦：花了很大精力去学，但平时用的机会不多；到要使用的时候，英语却生锈了，忘却了，于是再学，再忘，陷入恶性循环。更有甚者，出于商业利益的考虑，有些英语教育机构一味地迎合学生的应试需求，不断推出各类由答案逆向推导来的“命题规律”“解题技巧”“速成秘诀”，不断强化英语的“工具”这一属性，错误地诱导英语学习者，营造出一种浮躁、投机的英语学习心理，偏离了英语学习的本质，结果自然是事倍功半了。

As reform and opening progressed, China became increasingly open and more connected to the world economically, politically and culturally. This also influenced the reasons why people studied English. For most students born in the seventies or eighties, English was treated as a tool that could be useful in a number of areas, whether for better placement in school, finding a job or communicating with foreigners. A good example of this is in the stalls at Beijing's Silk Market, where a few words of English can mean the difference between making a sale and not. People finally started to feel that English was something useful. It also brought English off of the page and made it something that was a part of everyday life. In terms of how English is studied, people nowadays pay more attention to how to make this 'tool' more appropriate to their needs, and how to find shortcuts to deal with specific issues, but in this end up focusing on short-term effects and ignoring long-term accumulation of knowledge. However, what I must point out now are the drawbacks of the idea of English as a tool. This is because tools of any kind are only thought of when people use them and are normally left in some dusty closet where they get rusty. This is a explains the trouble that a lot of English learners face — they spend a lot of time studying the language, but have little opportunity to use it, so when it comes time to apply their knowledge, they find it's become rusty or they've forgotten it completely. This leads to a vicious cycle of studying and forgetting. There are even worse situations where certain English teaching centers put commercial interests first and give in to the demands among students for simple exam prep that works from the answers to provide people with "question patterns" or "tricks for answering" or "quick fixes" that get them there. This serves to continually strengthen English's role as a 'tool', misdirects English learners and fosters an impulsive, opportunistic concept of study. This goes away from the original purpose of studying English and results in more work than is necessary.

英语学习3.0时代——能力

English Learning 3.0 – English as a skill

21世纪的前10年已经过去，地球村，国际化，全球经济总量第二，这些不争的事实无不昭示着一个趋势：中国已经和全世界融为一体，中国人的英语学习，也从工具时代进入到能力时代。越来越多的学生去国外留学，越来越多的跨国企业在中国开展业务。在这样一个时代背景下，英语不仅仅是敲门砖、工具，更是成功者必须具备的一种能力，是你有真才实学，真正能在学习工作中发挥作用。能力的重要意义在于，它不是纸上谈兵，不是临时性的。新航道，作为一个英语教育机构，在发展过程中也充分体现出了与时俱进，探索并积累出了培养英语人才的一种全新理念：不让英语学习只局限于背单词、记语法，因为记住了不等于会用了；不让英语学习只停留在应试层面，因为高分低能注定会被这个时代淘汰；不让英语水平仅仅满足于简单的社会交往，因为世界的融合意味着彼此之间的深度交流与分享。

We are a decade into the 21st century, and the global village, internationalization and China's position as the world's second largest economy are indisputable realities that signal a trend in which China has fully integrated with the rest of the world and English, for Chinese learners, has changed from being a tool to being a skill. At the same time that more and more students are studying abroad, more and more multinational companies are expanding in China. In this kind of environment, a command of English is no longer simply a foot in the door or a tool, it is a skill that every successful individual must have. It is something that one should have a genuine talent for and must be able to use in their studies and later employment. The most important characteristic of a skill is that it is not simply theoretical and isn't temporary. As a provider of English-language training services, New Channel is changing with the times, exploring and developing completely new concepts of how to cultivate those with talent in the English language, making learning more than just memorizing vocabulary and grammar, because knowing something doesn't necessarily mean that you can use it. We also take language learning beyond the level of the test, because we believe that students with high scores but low skill levels will ultimately be left behind. We also strive to develop language capabilities that go beyond simple conversation, because increased integration of global communities means that there will be a need for ever deeper communication and sharing of thoughts and ideas.

2010年，美国总统奥巴马来到一所技术社区学院演讲，鼓励美国学生积极投身于科研与技术。他说："50年前人们不需要文凭也能过上体面生活，在制造厂找份工作就能养家糊口。但是世界已经发生变化，一家公司开店，雇佣工人向有网络的地方销售产品，这种变化引发各个国家的激烈竞争，人们都在为未来的工作和行业而战。几周前，我前往亚洲，10亿印度人突然投身于世界经济，13亿中国人也投身于全球经济。"这对于我们意味着什么？意味着对90后、00后的学生来说，我们的竞争对手不仅仅是国内的同龄人，而是世界范围内各个国家的同龄精英们。我们要打造真正属于自己的英语运用能力，才能在激烈竞争中夺得先机。面对浮躁的学习环境，我们要耐得住寂寞，沉得下心，认认真真，一步一个脚印，积累好运用英语的能力。记住，检验我们英语学习成败的，不是成绩单上的分数，也不是红皮白芯的证书，而是实际工作和生活中的每一份英文材料，每一封国际邮件，每一次与外国人的对话。

In 2010, President Obama spoke at a technical community college, encouraging American students to pursue science and technology, saying that 50 years ago, "you didn't even need a degree to earn a decent living. You could get a job at the local tobacco or textile plant and still be able to provide for yourself and your family. That world has changed… today, a company can set up shop, hire workers, and sell their products wherever there's an Internet connection. That's a transformation that's touched off a fierce competition among nations for the jobs and industries of the future… I traveled through Asia several weeks ago. You've got a billion people in India who are suddenly plugged into the world economy. You've got over a billion people in China who are suddenly plugged into the global economy." What does this mean for us? It means that students born in the nineties and the first decade of the 21st century will not only have to compete with their contemporaries in China, but with people from around the world. We have to develop our own 'English skills' before we can take the ultimate advantage. Faced with an over-active learning environment, we have to learn to deal with the solitude of study and resolve to work hard, gradually developing the skill of being able to truly use English. Remember, the true measure of how well we speak English is not a grade sheet or a diploma, it's each piece of paper that we read for work or in our lives, it's each email we read that comes from an English speaker and it's each conversation we have in English.

马克思说：语言是人类人生斗争的武器。英语就是帮助我们走向国际化的一把利器，它的价值体现在我们对于英语能力的掌握。常常有人说：我们是中国人，为什么要学英文？这里有两个误区：第一，英语不是哪个国家的语言，语言是不应该分国界的，而是人类的共同财富；第二，如果真要为国家争光，就更应该学好英语，通过英语，学习全球最先进的科技，取人之长，补己之短，这才是一种迎接挑战的积极方式！

Karl Marx once said that language is a weapon used in the struggle of all people. The English language is a weapon that we can use to become more international and its value will ultimately be expressed by how well we master the skill of using it. People often ask, 'You're Chinese. Why are you learning English?' There are two misconceptions lurking behind this question. The first is that English is a language that belongs to any one country. Language should not be bound by borders and should be treated as something of value for all people. The second is that an individual must learn English in order to bring value to his or her country. Learning English simply allows a person access to the world's latest technology, and gives them ability to learn from others and better themselves. This is how challenges should be met with a positive attitude.

中国要国际化，美国也要国际化，国际化趋势没有国界之分。当前，中国正在以无比开放的胸怀和速度融入整个世界，而全世界也正在热烈地拥抱中国。在这样一个波澜壮阔的大时代，把英语只当作敲门砖、工具，并不能让你形成足够的竞争力。只有你真正具备了英语能力，不仅所谓的敲门砖、工具不在话下，你还能为你的事业和生活插上腾飞的翅膀。因此我们现在应该提出的问题不是“我们为什么要学英语？”而是“英语学习的3.0

时代，我们准备好了吗？”

China has to become more global, as does the United States. There are no national borders when it comes to internationalization. China is currently trying to integrate into the world with unparalleled vigor and speed, and the world is warmly embracing China. In this era of dramatic change and progress, viewing English as a 'foot in the door' or a 'tool' will not make one competitive in the international marketplace. Only by treating English as a skill will you have the ability to propel your life and career forward. This is why the question we should ask is not "Why do we learn English?" but "Are we ready for English Learning 3.0?"

当代中国青少年英语学习三大误区

1.中小学英语教学的最大误区：将英语知识当成英语技能。
2.学生与家长的最大误区：看重结果而不注重过程。
3.英语培训机构的最大误区：缺乏系统性和服务品质。

倘若将当代中国青少年英语学习现状做一个描述，大致可以划分为三种：1.高分低能；2.高分高能；3.高能高分。分，即英语考试成绩；能，即英语听说读写技能。作个可能不太恰当的类比，能力就像我们常说的内功，而分数就像我们的招数，高分低能就像武术表演者，可能十八般武艺样样会耍，但真正到了搏斗的时候无法派上用场，这是应试教育的结果；而高分高能则是精通十八般武艺，经过多年的修炼而成，这是一种由外而内、被动式学习英语的结果；而高能高分才是由内而外，先修炼内功，再结合一定的招式，就能够瞬间制敌，这才是理想的英语学习境界。

我们非常渴望把英语学好，我们也花了很多时间学习英语，但是我们依然一片茫然。用一句话总结，中国人学英语绝大多数人是“活到老，学到老，英语就是学不好”。

美国著名畅销书作者马尔科姆·格拉德威尔在《引爆点》一书中提到“环境威力法则”。他在书中说：“孩子的行为和成长会受到外界环境的巨大影响。”同样，中小学生英语学习现状不仅跟学习者对学习的认识有关，还与他们所接受的教学方法和教学理念息息相关。长期以来，中国青少年英语学习存在三大误区：

1.中小学英语教学的最大误区：将英语知识当成英语技能。

三年前，我带领新航道团队开始着手研究青少年英语学习，我们对北京和上海5000名中小学生进行调研，让他们在一张白纸上写下三个词，这三个词必须高度概括他们眼中的中小学英语教学。最后归纳起来，大约有十个词出现频率最高，其中排在前三位的三个词是：应试、哑巴、死板。恰是这样的教学现状，导致当代中国青少年典型的英语盲区：不能学以致用，不会说英语。这种现象已不再是个别问题，而是普遍的事实。我经常跟北京一些著名中学校长交流、讨论中学课堂情况，也作过一些调查。我发现英语教材本身并没有问题，比如说现在的新课标、新教材，课本都不错。但是老师讲课的时候，习惯性地将课文里的词汇给学生顺一下，把里面的语法讲解一遍，教学的重点落在了词汇、语法等知识点的串讲上。结果学生的学习习惯就是：（1）死抠语法，钻牛角尖；（2）狂背单词，不会运用。在整个传统学校英语学习过程中，英语教学被当成一个对英语习题和试卷的教学工作，高中阶段特别明显。这是现今中小学英语教学非常突出的特点。

2.学生与家长的最大误区：看重结果而不注重过程。

受国内应试教育影响，家长与学生习惯性地将学习的注意力集中于提高英语考试成绩上，过度关注分数的提高。在分数的引导下，很多学生和家长潜意识里以为英语考试成绩高就一定等同于英语技能强，于是整天做试题，找出“打勾”规律……结果学习上累得贼死，却出不来效果，即便考到一定的分数，也不一定就具备英语能力，甚至根本无法用英语交流。

3.英语培训机构的最大误区：缺乏系统性和服务品质。

英语培训机构的服务品质集中体现于师资与教学管理，而培训的系统性体现在教材与课程体系。以前我们常听说“文化快餐”，当前，很多中小学生面临的是“培训快餐”。有的机构为了迎合广大家长们追求高分的心理，取悦中小学生，推出“速战”“秘笈”“突击班”等，结果学生掌握的是应试策略、花拳绣腿，最终尽管可能取得了分数上的进步，但是没有得到英语技能的提升。

我经常观察身边的学生，发现孩子们参加的课程培训呈现出蜻蜓点水、浅尝辄止、无法善始善终等现象。他们所参加的培训课程鱼龙混杂，而且很多课堂几乎就是中学课堂的复制，有些培训课堂为了帮助孩子们迅速通过某项考试而头痛医头、脚痛医脚，课堂里面讲考题，做试卷，把孩子们分成初一班、初二班、初三班……“一锅出”。在师资上，有些机构把教少儿英语的老师直接拉来教青少英语，教学效果难以得到保证。这些都是亟待解决的问题。

当代中国青少年英语学习解决方案

1.中小学英语教学应确立一个重心：技能为王，高能高分。
2.家长及学生应树立一种观念：以提升英语技能为目标。
3.英语培训机构应制定科学方案：系统课程+优质服务。

1.中小学英语教学应确立一个重心：技能为王，高能高分。

英语是一门用于交流的语言工具，学习英语要learn the language而不要learn about the language（即学习语言本身而不是语言知识），把重点放在语言知识而不是语言技能上就是learn about the language。而“学生怎么学”，很大程度上取决于在课堂上“老师怎么教”。目前，中国中小学甚至包括大学的英语教育，最大的悲哀就是依然把英语当作知识来学习，把英语看成一门学科在传授，而不是当作一项技能来掌握。在由高等教育出版社和剑桥大学考试委员会及新航道国际教育集团联手打造的《剑桥英语》（青少版）中也有语法、词汇、语音这些基础知识的培养，但这些基础知识的巩固是为了帮助同学们更有效地进行后面的听说读写训练，学生的学习重心在于听说读写四项技能的培养。

中小学英语教学应以技能为重心，通过培养学生在英语上的高能来实现高分成绩。知识与技能有何差别？作个简单类比，就像游泳，传统的课堂，可能就是老师将书中的游泳知识向同学们传授，让同学们从书本上学到仰泳、蝶泳的知识，也会告诉同学们不同的游泳方式身体各个部位应该如何配合……但是关于游泳的知识知道得再多，也得到水里才能知道你到底会不会游。我们需要了解游泳知识，更要下水去游，才能真正学会游泳技能。因此，在教学中，我们应努力创造一种亲自下水去游的条件。试想，如果国家游泳运动员每天就是在课堂上听教练讲解，即便讲得天花乱坠，到真正的赛场也无济于事。相反，“不呛水就学不会游泳”，运动员训练期间基本上都是在游泳池里，而教练们需要做的可能就是观察他们的动作是否标准，是否需要改进，学会后还要通过反复不断的练习，才能在水中灵活自如。

英语技能的培养，需要四项技能融会贯通，听说并进，读写相通。课堂上的教学只能起到抛砖引玉的作用，而真正要想掌握英语技能，则需学生自身的努力。英国著名外语教学专家Palmer先生在1917年的时候提出一个英语学习“孵化”理论。他说：外语学习要经历一个“孵化”阶段，即语言的储备。孵化期间，蛋壳里在发生着剧烈的变化，我们肉眼可能根本看不到，需要经历一段时间后，小鸡才能从蛋壳里跳出来。英语学习也是这样，需要一个“默听”的阶段，除了老师课堂上营造一种浸泡式的教学环境外，课后，同学们应该主动浸泡在英语氛围中。

我的孩子申请美国大学，美国大学校方代表对他进行面试。面试时校方代表说：“小伙子你英语很不错啊！是怎么学会的呢？”我的孩子说：“高中期间，我用一年时间把《老友记》看了6遍。”接着他回问了校方代表一个问题：“您的汉语说得这么标准又是怎么学的呢？”校方代表说：“我跟你一样，你把《老友记》看了很多遍，我把中国的《我爱我家》看了很多遍（《我爱我家》一共120集，每一集20分钟左右，一遍看下来大概需要40个小时）。”细算一下，《老友记》听一遍需80个小时，6遍一共480个小时。如何平摊到每天？他每天在上学、放学的途中戴着播放器听，中午休息时间再听几遍，放学回家吃饭前把电脑打开再看一集，这样算下来，一天就可以看好几集。时间是挤出来的，越挤越有。学习外语效果最好的时候，不是说非得把灯光效果搞起来，把自己一个人关在书房里，然后郑重其事地说：“老爸、老妈，我现在开始学英语了……”相反，学英语的时间往往是零星的捡起来效果最佳。英国莱斯特大学语言学家、雅思考试创始人Keith Taylor教授说：“学英语的最好地点是卫生间。”这句话的意思并不是说我们要在卫生间学习英语，而是在不同时间、不同环境下轻松学习往往能收到更佳的效果。不论是老外看中文电视剧还是我们看美剧，这个过程都是一个“默听”的过程，都是一个浸泡式的英语习得环境。

2.家长及学生应树立一种观念：以提升英语技能为目标。

每个家长都希望孩子学有所成，但有时我们急功近利而忽略了学习的基本规律。作为一门语言工具，在英语学习过程中一定要将提升英语能力作为学习目标！尽管目前有些机构也在使用《剑桥英语》（青少版），但是有多少人能真正领会这套教材的教育理念、教学体系却不得而知；有的尽管在使用这套教材，但是教学上依然采用传统的教学方法，把一套经典的教材讲成了词汇、语法、考题等知识点的串讲。

我的孩子是通过托福、SAT考试后去美国留学的。有一次我想让他去参加雅思考试，目的不是为了去拿高分，而是将最新的雅思考题收集出来，帮助教学。我建议他用半个月的时间做一些雅思真题，熟悉一下雅思考试。事实上，考试之前他连一套题都没有练习过，基本是“裸考”，成绩出来，总分7.5。他此前从未接触过雅思，直接去参加考试就能考高分，这说明英语语感在发挥作用，自身的英语技能、英语功底在发挥作用。具备了扎实的英语能力，不论参加何种英语水平考试，都能获取高分。

英语学习质量和学习效果取决于学习过程，英语学习过程应注重“许三多”。许，就是许诺，就是孩子对自己的许诺，对父母的许诺、对老师的许诺；三多，就是多接触，多模仿，多练习。如今很多机构喜欢玩概念，喜欢标新立异，其实学习的道理很简单，就是要把这些简单的事情做扎实。清华大学有个学生在大一时“裸考”托福，取得满分，同学们可以在网络上搜索她的视频看看，看她的托福满分成绩是怎么炼成的。她的名字叫于雪崴，是北京新航道的一名托福老师。她的满分绝非天天做试题就能考出来的，而是多年践行“三多”铸就的。

目前中学英语总课时大约1000小时左右，根据“10000小时成功理论”这个时间是远远不够的。有位著名青少英语教育专家曾说过：学相当长的时间，才可以考某个级别。北京新航道剑桥青少英语学习中心使用的《剑桥英语》（青少版）共6个级别，每个级别学习两个学期，每个学期48个课时，仅课堂教学就需要576个课时。同时，剑桥青少中心学习的内容，大多是学员在中学课堂学不到的，是中学英语课堂的有效补充，更是一种提升。

比如，在北京新航道剑桥青少英语教学课堂上也会有习题练习、剑桥考级试题的讲解，但是试题不是课堂的主体。

“给你高分，更给你能力！”英语学习重结果更应该重过程，这也是我在新航道剑桥青少英语学习中心所要求的。高分可能只考一次，此后分数就成为你永恒的过去，但是英语能力将陪伴你走向世界的任何一个角落。英语学习应该关注学习过程，让高分成为一种自然的结果。

3.英语培训机构应制定科学方案：系统课程+优质服务。

知识及学习的系统性是基础。不管参加哪个课程的学习，英语学习都应该循序渐进。就如新航道剑桥青少英语学习中心推出的课程，学生从入门级开始学习，既培养了学习毅力，又保证了学习的系统性。因为《剑桥英语》（青少版）每套教材本身有其内在联系和衔接，学习这套剑桥青少教材，可以应对多种考试。剑桥青少1～6级分别对应着中考、高考、出国考试等英语测试。尽管教材中也有语法知识，然而英语语法知识在国外教材中不像在中国教材里那么密集。中国教材里面，语法体系是非常优秀的。但《剑桥英语》（青少版）里的语法体系强调语法点的频繁出现，是因为教材的目的是希望让学生真正掌握并灵活使用。剑桥青少英语的学习过程本身就是一个重交际的过程，所以教材的系统性、课程体系的逻辑性显得很重要。

目前，在课程选择上，国内很多培训机构依然采取传统的根据学生的年龄或年级进行班级划分。而事实上，学生的英语能力并非与年龄和年级直接关联。有的孩子年龄小，但是英语能力依然能够达到高年级水平。科学的做法，应该是根据学生能力来划分，而不是根据学生上学的生理年龄或学校年级来划分。每一个进入新航道剑桥青少学习中心学习的同学，入学时都要经过权威科学测试，根据测试结果确定应该参加哪一阶段学习。

优质的教学管理与服务是保证。剑桥少儿中国总考官任真教授在一次讲座中讲到：家长应该考察的重要一条，就是师资。她对新航道的师资水平给予了很高的评价。事实上，优质的师资一直是新航道的核心竞争力。任何一个老师要想走上新航道的讲坛，第一轮面试是英语作文，然后再口试。只有确认老师具备了相当的英语能力后，才能进入第三轮面试：试讲，而这最后一关面试无一例外都是我在把关。具备了相当的英语技能，经过系统的培训，才可以进行相应的教学。如果一个老师只能教雅思、或只能教托福，那我们是不会录用这样的老师的，因为一个人的英语能力一定是同时具备听说读写四种能力。同样，在新航道教授剑桥青少的老师都具备非常强的英语听说读写能力。

在班级设置上，有的培训机构采取大班制，30人、70人，甚至100人以上，老师上课一言堂，难以通过互动来让学生操练各项语言技能。事实上，在我们以往的教学经验中，15人左右的小班或6人甚至3人精品小班学习效果较佳。学生彼此之间能相互追赶、齐头并进，课堂上相互交流、互动讨论、共同学习，更利于教学。孩子们可以在同龄孩子身上看到自己的成长和进步，这是比较理想的学习方式。这样才可以关注到孩子怎么学。现在很多培训方式都只注重如何教的过程，而忽略了孩子学的过程。老师在上面讲得很高兴，同学们也听得很High，但是课后发现什么都没有学到。新航道剑桥青少学习中心不仅关注老师怎么教，更要关注孩子怎么学，学得怎么样。教学管理上，为每个学员建立个性化学习档案，跟踪孩子整个学习过程，从中看到他的问题，看到他的成长，真心实意地帮助每一位学生。

新航道剑桥青少英语学习中心之由来，正是基于我们对中国青少年英语学习现状的研究与探索。“学习中心”，学是一个方面，习是更重要的一个方面。习是不断地练习、巩固和强化，它不仅是学的目的，也是学的手段。作为教育机构，我们希望通过我们的努力，帮助家长和同学们树立正确的学习观念，与广大家长一起培养一种让孩子终身受益的英语能力。

胡敏微访谈：学好英语其实并不难

英语学习的成功之道，正如做其他的事情一样：成功没有捷径。
欲速则不达，不能急于求成，而要找到适合自己的学习方法。

学好英语意味着什么？更多的求职途径，更高薪的工作，还是更广阔的视野？英语如何改变人生？中国人学英语真的伤不起吗？胡敏告诉你，英语改变人生，而学好英语其实并不难。

2011年6月2日下午15:00，著名教育专家、新航道国际教育集团总裁兼校长胡敏教授(胡敏微博)作客新浪，和大家畅聊英语学习，以及英语如何改变人生。以下为微访谈文字实录。

微风樱花飘落：怎样才能让英语成绩一个月提高20分啊？请老师支招！

胡敏：短期内要想大幅提高英语，可以注意以下几点：1.查漏补缺，做到知己知彼；2.可参加短期的个性化辅导，针对薄弱环节有的放矢；3.在具备一定的英语基础的前提下，通过一定的练习熟悉命题规律与应试技巧。

kuukoo：大学老师对学生的英语教学是应该以过级为目的还是

培养学生的英语交际能力为目的？感觉进了大学学英语，比高中还不如。高中老师会教你实在的应付高考，大学老师随便教教课文应付四六级。什么实际的也没有。

胡敏：不论是中学还是大学，英语学习都应该以培养英语交际能力为目的。考试、过级只是衡量的标准和手段，而不是目的。英语达到了一定的水平，只要辅以考前的试题练习就很容易取得理想的考试成绩，但基础不牢，即便天天做题也无法学好英语。事情做好了，钱就赚到了；英语学好了，分数自然就上去了。

killifisher：考研英语的整个过程复习安排，您可以给个建议么？我用的是您的全套资料，但就是感觉自己复习得不踏实，还有就是有点不够有目标。

胡敏：1.夯实基础：词汇、语法等；2.强化训练：针对不同题型进行练习、强化，后期可查漏补缺，总结规律，同时要加强课内课外英语阅读，得阅读者得考研英语；3.模考阶段：考前保持模考练习，查漏补缺也是为了培养最好的考试状态。

头菜猪茉莉开一即开：老师，您好！1.我听力很差，怎么提高听力呢？2.觉得单词好难记啊，效率特别低，怎么办？

胡敏：英语听力差，直接原因是听得少。在校学生应该熟听所学的课本听力材料，对基本的词汇和语法知识扎实掌握，平时课外多进行静听和泛听训练。在听力材料中学词汇、学语法、学表达，可能有事半功倍的学习效果。听力和阅读是在非英语环境下提高英语的最有效途径。

笨加码：为什么在中国那么多人对外国人说出的不地道的汉语表示宽容理解，但却对讲英语不够标准的国人露出不屑鄙视的眼神呢？

胡敏：我们确实对很多外国人词不达意说汉语的魄力感到惊讶，但是反过来，中国学习者又有多少人能学习外国人学汉语的精神，不怕犯错误，大胆说英语呢？中国学习者很多人都是不敢说出口，缺乏自信。

郑文娟hey：用什么方法更轻松更容易记单词？

胡敏：不择手段记单词，记住才是硬道理。最有效的方法可以通过学习文章，来达到背诵单词的目的，同时很多听力材料也是很好的词汇学习材料。脱离上下文纯粹地记忆单词，虽然可以临时抱佛脚，但是不利于真正提高英语水平，不利于单词的实际运用。许多中国英语学习者认为背单词就是学外语，这是一个最大的误区。

曹小慧A：如果我的英语语法特别次，有什么办法提高吗？

胡敏：语法其实就像英语中的“规”与“矩”，是学好英语的基础，要想学好：1.可以随身携带配备练习和答案的语法书籍；2.多朗读，培养语感；3.语法难学通常因为其太枯燥。在《英语语法红宝书》中融语法知识于优美哲理句子，既避免了枯燥，又能从中学习语法，并体验为人处世之道，有兴趣的同学可以参看。

JulyandAnn：老师，请问若学好英语，今后真正走入社会后可以在哪些方面帮助我？我是一名高二的学生，还有一年就高考，虽然我的英语基础不好，但是我每天都在很努力地背单词。学英语还有什么别的好办法吗？

胡敏：1.如果你还是一名学生，英语首先能帮你完成学业；2.学习英语的过程是一个锻炼心智的过程；3.英语帮助你多了一种技能，获得更多的发展机会；4.英语是一种交流工具，是适应当前世界发展的需要；5.英语是获取更多信息帮助你了解世界的通道。要学好英语，在学习中一定要学以致用。

欢乐香味柠檬：胡老师好，我是一名大学生，自从中学开始，特别喜欢学习外语；毕业后，我希望自己从事关于英语方面的工作；可是自己毕竟学的不是外语专业；公司会不会不要这样的员工？老师您能介绍些关于英语的工作吗？英语的学习关键点在哪儿？

胡敏：走入职场后，拼的是实力。外语专业与非外语专业的区别在于，外语专业比非外语专业学的知识体系更完整，听说读写能力更过硬。而非外语专业则只需有效得体地运用，所以外语专业既要usage也要use，而非外语专业则只需use即可。非外语专业人员有超强外语应用能力的大有人在。

孤鹜向南飞：现在面临高考，如何去拿英语分？我的英语很差，该如何去学好英语呢？

胡敏：不同的时间会有不同的考试，如果学习英语的目标是在高中取得优异成绩，那首先就应该把课本材料透彻掌握，在此基础上再练习所在考区的英语真题，掌握基本的应试技巧和命题规律，从而融会贯通。很多中学生并没有真正掌握基础的英语内容，而是大量做题，这就犹如无源之水。

尤婧Elaine：什么方法最快？

胡敏：英语学习的成功之道，正如做其他的事情一样：成功没有捷径。欲速则不达，不能急于求成，而要找到适合自己的学习方法。学习中可以精听英语老师推荐或者自己喜欢的语言材料，一定要熟悉每一个听力符号，然后模仿其中的语音语调、语言表达，最后朗读，熟能生巧后才能自信表达。

苏文鏵：怎么样培养对英语的兴趣？

胡敏：俗话说：兴趣是最好的老师，培养英语学习兴趣可以从你身边感兴趣的事情开始。比如你喜欢小说，那你可以从看英文小说开始，喜欢音乐可以听英文歌曲……找到一个兴趣切入点，然后再从语法、词汇等各个角度去深入学习。新航道有一个老师，他最开始对英语感兴趣就是从英语卡通漫画开始的。

傅水绵：我学习英语的最终目的是说好口语，可是英语就好比国语，涉及的内容太多了，怎么把它们全都记住、记好呢？

胡敏：如果学习英语的目的是用于交流沟通，那么学习过程中，重点就应该放在提高口语技能上，学习中要注意学习材料的交流场景、人际关系、交流主题、交际策略，同时在表达过程中要注意：是在什么场合？与什么人？交流什么话题？这样才能表达得体。

渴望－离开：我是一名高考生，但我发现每次考英语的时候时间总是不够用，我先做阅读理解，到最后才做单项选择，所以单项选择总是来不及做。我该怎么办？

胡敏：1.时间不充足的情况下，应该好好复习之前的错题笔记本，看这些错题的解题方法和所需英语知识是否真正掌握；2.考前注意好好休息，调整好状态。3.考场上应该自信与放松，语言活动是一种心理活动，有时候良好的心态甚至能够让你超水平发挥。祝所有高考考生金榜题名！

中国学生雅思备考3、4、5攻略

我们一定要端正雅思学习的心态，超越考试本身，把雅思学习的过程变成一个英语学习的过程，去收获雅思高分，做到“不为考试而战，只为未来而学”。

英语学习中的三重境界

有一则寓言故事精辟地阐述了英语学习上的三重境界：一位印度国王带着他的王子经过一个建筑工地，看见三个泥瓦匠。国王问这三个泥瓦匠在做什么。第一个泥瓦匠说：“我在垒砖头。”第二个泥瓦匠说：“我在砌一堵墙。”第三个泥瓦匠说“我在建造一座宏伟的殿堂。”这三个不同的回答已经道出了英语学习中三个不同的境界。

1.垒砖头——学英语就是背单词。很多中国人学了很多年英语都没有把英语学好，就是因为他们把记单词等同于英语学习，认为只要记住足够多的单词就能把英语学好。单词就好比是一块块的砖头，他们把英语学习看作简单的“垒砖头”，一块一块把它垒起来。我们可以试想一下，没有框架、没有支柱的房子最终能垒多高、能有多牢固呢！这样没有系统，没有目标的学习是不可能把英语学好的，更谈不上使用。很多中国人之所以学不好英语，最根本的原因，就是把记单词错误地等同于学英语。

2.砌堵墙——为考雅思而学雅思。很多学生都认为只为出国而考雅思，停留在雅思考试本身的层面，把雅思考试当作一种任务，不去思考学习雅思的真正内涵。结果学习过程中处于一种被动接受状态，这样势必产生一种抵抗的心理，学习起来非常辛苦，学习效率极其低下。就算是真的取得了理想的分数，也没有真正提高英语能力。到了国外，下了飞机仍旧无法正常用英语进行交流。

3.建殿堂——只为未来而学。要想在雅思考试中取得好的成绩，达到雅思高分的目标，就必须抱着一种真正学习英语的态度。因为英语学好了，能力一提高，分数也就自然上来了，水到自然渠成。我们要时刻明白，学习的目标不仅只是拿个雅思高分，因为你考雅思的目的是出国，而出国的目的是接受更好的教育，进而有一个更好的人生。当你踏上异国他乡时，你的成绩就成了你永远的过去，而真正迎接你的，是你要用英语进行生活、学习交流，你的英语准备好了么？因此我们既要考好试，又要确保出国后具备了足够的英语能力，能流利准确地与国外人自由沟通与交流。只有这样，你才能确保自己在国外的学习和生活有一个良好的开端。

在此，我想再次强调，我们一定要端正雅思学习的心态，超越考试本身，把雅思学习的过程变成一个英语学习的过程，去收获雅思高分，做到“不为考试而战，只为未来而学”。

雅思高分必备四种能力

1.语块能力。语块能力要求我们在英语学习中要多储存一些“语块”。不能仅仅是停留在记单词的基础上，很多同学认为遣词造句就是单词简单的排列组合，这是非常错误的。因为单词只是语言学习中最小的单位，单独使用时是没有太多价值的，因为它很难准确地表达一个完整的意思，只有它们互相组合起来才有实际意义，才能恰到好处地表达我们的意思。在语言中很多词汇组合，即语块，需要我们熟练掌握才可以地道运用，才会合乎语言表达习惯，才会增强语言的表达。

2.句法能力。要想准确地表达一个意思，不仅需要语块能力，还要有较强的句法能力，就是我们在英语应用中要符合语法要求。举个例子：在文章中阅读到“Big potatoes rise to the top on rough roads(崎岖路上大个土豆会往上跑)”，那么你就可以灵活运用其优秀的语法和句子结构造句表达不同的意思——“Tough people rise to the top in hard times(坚强的人在艰巨时刻脱颖而出)”。倘若你事先都没有见到过“Big potatoes rise to the top on rough roads”这样的英文句子，你就无法知道怎么灵活、正确、创造性地模仿它们。英文句子结构的储存是我们创造性地模仿造出新句子的依据。如果没有这些基础，那么我们会习惯性地根据汉语的句法结构去表达，结果表达出来的句子往往容易出错。

3.语篇能力/话语能力。语篇能力是就写作而言的。雅思考试是为检测学生的英语语言能力而举行的考试，不是专为我们中国考生而设计的，因此我们切忌按照我们自己的中文作文写作方法和思路去对待雅思作文。在雅思写作中，我们要时刻记住，要按照英国人的思维和习惯去写，在此基础上你才能去尽情地发挥你的语言、词句能力，否则大方向都错了，语言再好也难以取得高分。雅思写作作为一种测试，在语篇上有一定的规律和基本的框架，因此我们在学习过程中，应该多去学习那些考官和满分考生写的范文，看他们是如何谋篇布局、如何开头、中间如何阐述、如何结尾，去分析文章的结构。建议大家在学习文章时做观察笔记，多去总结，总结多了，自然就能形成良好的写作习惯。

话语能力是就口语而言的。指的是在口语表达中根据一定的对话结构，清晰地表达出自己的意思。有的学生英语基础很扎实，口语也不错，但是一到雅思口语考试却得不到高分，主要原因也是因为没有把握住英国人的话语习惯。口语考试中，要求学生在固定的时间内表达出自己的意思，很多学生喜欢搞中国的“渲染”“伏笔”，结果时间到了还没有说到点上，这样能拿到高分么！雅思口语应试中有个“AREA”策略，A即Answer(回答题目提问给出观点)、R即Reason(支持自己答案的原因)、E即Explain(阐述自己的原因)、A即Answer Again（最后再总结自己的观点）。中西文化差异，我们经常强调一种外国人的思维结构是很重要的，话语能力就是让我们培养一种英语口语表达的话语结构，然后准确表达所要表达的意思。

4.辩证能力。中国的很多考生都习惯去背雅思机经，以为背熟了就能在考试中争取高分，这是一种很严重的错误。雅思考试考查的是学生的辩证思维能力，考查学生就某个话题提出自己的观点和看法，如信息技术发展、环境保护等话题。而要在考试的短时间内能够形成自己的思维，那么就要求我们平时广泛地阅读，阅读一些素材和话题，增长自己的见识和社会阅历。否则你将无话可说，最后只能将自己以前背下的范文抬出来，被视为抄袭，这样是无法在写作和口语考试中取得高分的。“21世纪最需具备的一种能力，就是学习能力”。知识更新太快，要求我们要随时学习最新的知识，去了解一些素材和话题，掌握最新的词汇，了解最新的观点。这样才能在写作和口语表达中有话可说，有据可依，让自己的观点新颖。

给雅思考生的五种学习方案

1.中学英语水平的学生。这类学生的词汇量与雅思考试要求相比，有较大的差距，因此需要一年的时间来学习和备考雅思，才可能通过考试。要想进入国外大学，至少雅思要考到5.5分，要上好一点的大学，雅思成绩得达到6.5分。根据以往经验，建议家长在给孩子定目标的时候，最起码要定到6.5分甚至7分，因为定到6.5分，可能孩子考出来的成绩只有5.5分，而定到5.5的话，可能孩子只能考到4.5分。

2.达到英语四级水平的学生。这类学生具备了一定的英语基础，听说读写各方面都具备了一定的能力，大概半年时间基本上就可以完成雅思的学习和备考。

3.英语六级水平的学生。这些学生基本都已经具备了良好的英语能力，听说读写方面的基础都比较扎实，只需要三个月参加一些短期培训，就可以完成雅思学习和备考。

对于以上三种学生，建议最好是都参加一些雅思课程的培训。因为雅思的题型是经常在变化中的，很多都是你从来没有见过的，并且大多是主观题，在答题和应试上都有一定的规律可循。而这些规律如果学生自己去寻找的话，不说不可能，但确实很费功夫。但是我们的老师就不一样了，他们都长期专注在某一方面的内容，如阅读方面。所谓“术业有专攻”，基本已经对这些都有了深刻的研究，因此能帮助你迅速有效地找到好的解决方案。像在新航道，我们一般都不聘用兼职老师，因为兼职老师毕竟不能全身心地投入到专门的教学中去。一般的中学生在基础比较差的情况下，最好是先报一个基础班，等具备一定的基础后，可以再套报一个冲刺班，但是如果已经达到六级水平的话，基本上就可以直接报个7分的冲刺班，没有必要再从基础班开始去折腾一遍了。

4.学生整体基础差或者发展严重不均匀。为什么有的孩子参加了很多次培训还是考不过，像这些基础很差或者发展严重不均匀的孩子，不论是把他放到几个人的小班或者200多号人的大班都是不适合的，对他而言毫无意义。我们要根据学生的具体情况对症下药，像这类学生建议其参加1对1培训辅导，或者至少先通过一段时间的1对1把基础打好了，再将其放到大班里面去。因为在大班上课，基本上都没有机会跟老师交流，在学习中遇到的问题也不能很好地得到解决。而在1对1的学习中，老师首先会对孩子的英语水平作一个全面的测试，摸清孩子的优势和弱项、兴趣和英语学习习惯，然后因材施教，查漏补缺，全面提升孩子的英语能力。

作为家长，如果真想让自己的孩子出国去，那给孩子花费在1对1培训的投资还是值得的。千万不要随便给孩子报个班而不去关心孩子的具体情况，这是一种盲目的做法，是对孩子不负责任的表现。我建议，作为家长，每天至少应该抽出5分钟的时间来跟自己的孩子交流，去真正了解他们的心理，了解他们需要什么！然后才能有目的地给他们提供什么。千万不要因为忙于工作而耽误了孩子的学习。毕竟高中是孩子人生学习的黄金时期。

5.直通车方式。在父母亲都很忙，而孩子的基础又不好的情况下，建议你最好能选择一个值得信赖的机构，从基础开始，从头到尾一步一步，采取一种直达的方式。因为这样的话，即使父母没有太多的时间去关心孩子的学习，孩子们也会在培训机构严谨和科学的统一安排和系统培养下，学到相应的英语知识，最后在直通车的英语培训与留学全程服务下，顺利通向海外名校。就像新航道的英澳五星级名校直通车，我们都有系统的管理和教学以及一流全方位的服务，为学生们学习、考试保驾护航，一站式送你直达英澳五星级名校。

中国雅思盛典对话雅思高分学员

能力加技巧等于雅思成功，这两者之间，技巧是建立在能力之上的，而没有能力的技巧就是空中楼阁，华而不实，巧妇难为无米之炊。很多机构过度强调技巧的作用，这是一种极其不负责、误人子弟的表现。

主持人：今天有两位高分学员来到我们现场，同时我们还邀请到胡敏教授。今天的两位高分学员，一位是2010年最新出炉的高分学员，一位是2007年的高分学员，已从剑桥学成归来。首先我们欢迎两位高分学员闪亮登场。大家都想考雅思高分，今天我们将谈雅思高分之道，谈出你们的共鸣。当然我们要清楚今天英语非常道的核心人物，那就是中国雅思之父胡敏教授。今天的访谈会非常精彩，因为他们将带来雅思考试现场的第一手资料。胡老师将给出最精辟的点评。我看到马同学的成绩单上阅读是满分，这是很多人百思不得其解的，请给大家分享一些经验。

马同学：我觉得阅读这部分主要是两个方面，首先可能是平时的积累比较重要。像我的话，平时比较喜欢阅读一些英文原版读物，另外我觉得临场应试技巧也是非常重要。我身边有个非常真实的例子，就是我的一个同学，看《暮光之城》四本，一年停不下来，觉得很有意思，心理描写比较贴切，对灵感、阅读、写作都很有帮助。

刘同学：雅思考试的心态问题。因为当我下飞机的时候，海关人员……去银行……这些话题都是雅思备考中经常考到的。

胡老师：从马同学身上，我想跟大家提炼的是什么？实际上，雅思考试的成功就是你的英语能力，再一个加上你的考试技巧。能力加技巧等于雅思成功，这就是马同学跟大家分享的成功的故事。这两者之间，技巧是建立在能力之上的，而没有能力的技巧就是空中楼阁，华而不实，巧妇难为无米之炊，很多机构过度强调技巧的作用，这是一种极其不负责、误人子弟的表现。正如刘同学所说，她到了英国，一下飞机后遇到的对话，就感觉是在雅思口语考场，真正的考试才开始。在备考雅思的时候，我们的眼光一定要放远一点。因为不论你是去英国、加拿大还是澳大利亚，你的雅思成绩单从你一下飞机就没有任何意义了，真正重要的是你能够用英语进行沟通与交流、学习，挑战才真正开始。如果说整个雅思考试在任何一部分有技巧可循的话，那就是阅读。阅读部分，马同学强调自己平时大量阅读的效果，加强能力的提升。考场上就跟现实生活中一样，考三篇阅读文章，每篇1500～2000词汇，要想在60分钟内阅读完如此大篇幅的文章还要答题，如果不借助一定的技巧的话是很难完成准确答题的。阅读在平时备考的时候，一定注意要像在考场中那样练习，为什么我们在平时读报刊、读英文著作能够轻而易举地理解文章，而一旦上了考场就眼前一片漆黑，好像回到了幼年时代，就像没有怎么学过语言？我们可以把我们自己看汉语报刊的方法移到英文报考中来，我们现在每天都会看很多报纸，越来越厚的报纸，我们难道都是一个一个字去阅读么？三大策略，1.skimming（跳读），老生常谈，2.scanning挑读，3.close reading细读。这三大策略，相信老师都曾教过我们，只是我们没有做到。我们没有通过大量的实践去有效地调动这三项策略。skimming（跳读），阅读文章里不是有大标题吗？不是有副标题么？不是有小标题么？不是旁边还有数据、插图、地理么？这些都是信息的焦点，它会让你在脑海里构成一幅图片。文章的大意你很快就可以得到。亲爱的同学，你在看中文报刊的时候，你想最快了解文章内容的时候，你用的不也是这个策略么？怎么一到雅思考场就忘得一干二净呢？这三种策略都是需要在平时练习的时候要训练自己的，熟能生巧，这样到了考场就能够灵活调动这三种策略。

主持人：当我看到你雅思阅读考到满分后，我发现你的两项语言输出部分：口语和写作都考得不是很理想，好像是6分，不是很理想，有没有一些教训需要提醒大家的？

马同学：主要是我当时在准备雅思考试的时候，可能这两部分不够充分，再加上在临考的时候，我发现考场里其他的同学都是念念有词，在拿着资料准备，而自己却不知道该看些什么，准备些什么，所以特别紧张。然后在口语测试的时候，面对的是一个老奶奶，说着说着就被她带走了，原本自己构想的思路也无法组织起来。所以我在这想提醒大家的是，有时间的话最好能够找到一个搭档，毕竟它是一个双向交流的过程，这样更能真实地模拟现场的情景。写作方面，之前准备的时候手不够勤快。尽管剑桥雅思真题集后面的真题我都看了，但是没有动手自己去写过，所以在真正的考场里有限的时间内，没有很好地完成小作文和大作文，表现得很不知所措。因为我第一个小作文就用掉了将近半个小时，结果后面大作文的时间非常仓促，最后只能草草收场，很遗憾！

胡老师：轻敌了。

马同学：我觉得还是要模拟考试的情景，在有限的时间内、在有压力的情况下训练自己，这样到了考场才有可能状态比较好。分数与实际交流情况有什么关系，比如说像我这样写作6分的话，到了国外能否应付学习论文的写作和相关的学习……

胡老师：马同学讲的这两个单项，里面有几个点，我觉得有必要跟大家提出来。第一个是：马同学在提到阅读的时候，他说他喜欢读英文原版小说，原话是"觉得挺好玩的"。不知道大家注意没有，马同学阅读能够考满分，这跟他平时能够重视阅读和积累是有非常直接的关系的。而刚才他讲到口语和写作的时候，大家可能也注意到了一点，就是：没有作好充分的准备，在写作上，尽管看了很多但是没有多动手去写，都是缺乏准备。这些都是共性的东西，就是平时缺乏实战，没有去说，没有去写。Practise like you play.就是平时练习的时候要像真正考试的时候那样去练习。还有一个问题，很紧张，口语考试的时候一定要自信，放松……

几分和你在英语学习中有对应关系……我简单地把它对应一下：9分，我们把它叫做卓越，8分叫优秀，7分叫良好，6分叫合格。实际上，马同学写作口语考到6分，已经算是及格了，一般来说，是可以基本应对在国外的学习和生活了。5分的话就是不及格，4分的话就是差。所以同学们给自己树立的目标要高一些。你想卓越吗？那你一定会优秀；你想优秀吗，那你一定会良好；你想良好么，那你就是一个及格；你想及格吗，那我可以告诉你你考不过。有的人需要5.5就考5.5，结果考了几次，都考不到那么高。我们一定要对自己高标准严要求！这样才会有希望。做任何事情，做企业都是这样，首先做好自己，再次就是超越。

马同学：听力8.5，其实在听力备考过程中，我就是专注在那几套真题，就是大家都熟悉的剑2～7，没有其他的复习资料。我觉得，就这里面的几套题做精做透了，对我来说，应付听力的部分应该也是足够了。把真题吃透，就可以考试了。像我个人来说，这个听力材料听过很多遍。第一遍，是整个停下来去做题，然后做题的过程中，要注意去写，比如大小写、单复数、冠词等，所以我认为第一遍一定要写准确；第二第三遍的时候，可能不仅是在空格的部分去留心，而且其他的对话都会去仔细听明白，去熟悉那些场景和一些地道的表达。我觉得这样对我今后的阅读、写作、口语表达都是很有帮助的，因为听力材料很多是非常不错，所以我还是经常去研究。后来听的遍数多了，即便有些地方听不太明白，也能够大致猜测它后面的内容，心里比较有底。

胡老师：马同学说的，我提两点：千万不要把听力仅仅当作听力来对待，它还会对你的写作阅读、口语表达，有很大的帮助。我们有很多同学，习惯把听说读写四项技能隔离开来，这是一种错误的语言学习观，任何一项技能的提升都能帮助你整体英语能力的提升。正确的英语学习态度决定一切。听力高分其实很简单，剑2～7，每套四套题，24套题，做无数遍。把雅思作为一个机会、起点，作为一个英语学习的机会，最后在英语学好后，考到雅思高分，出国留学。

外国的天空怎样才能飘起梦想的彩云

对广大父母而言，送孩子出国留学是一种大爱，但是这种爱要恰到好处；而对学生本身，留学梦想虽然很美好，但越是美好的梦想，其实现的过程就越艰辛，留学成功的过程，一定是苦尽才能甘来。

留学风起云涌，各种留学问题亦层出不穷。作为一名老海归、英语教育工作者、美国留学生的家长，我不知道该怎么描绘我内心的感受。但是不论是哪种身份，我始终认为：对广大父母而言，送孩子出国留学是一种大爱，但是这种爱要恰到好处；而对学生本身，留学梦想虽然很美好，但越是美好的梦想，其实现的过程就越艰辛，留学成功的过程，一定是苦尽才能甘来。

一种认识：留学是人才国际化的桥梁

如今有人调侃说不拼官二代，不拼富二代，就拼留学。留学，这个选择是正确的，因为留学是人才国际化的桥梁，而只有国际精英人才才能创领未来！如今90后的孩子就是要国际化，因为到2030年这些孩子30多岁时，所面临的竞争将是来自全球各地的精英。所以我们的目标要远大，教育一定要面向世界，放眼未来！然而把孩子送出去了，就会有一个锦绣前程么？很多学生出国了，却不知道为什么要出国留学。雅虎资讯专门设计了一个投票，在“您认为年轻人出国留学究竟为了什么？”的问题上，截至2012年6月29日，投票结果：

开阔视野，了解异域文化：14%

拥有独立生活的能力：7%

混个海外文凭回国好就业：57%

为使自己具备更强的竞争后劲：22%

从投票中我们可以发现两个现象：1.留学归国人员来看这个投票结果，可能会觉得本末倒置。因为对于个人而言，留学的意义最重要的绝非“混个海外文凭”，留学真正有价值之处，应该是拥有国际视野、具备更强的竞争后劲、独立生活与国际交流能力等；2.出国留学缺乏目标。出国留学究竟为了什么？在这个问题上，父母应尊重孩子的心声。而作为学生，一定要端正留学的态度，明确留学目标。如今家长们深处国际化的风口浪尖，在这种时期，就更应该慎重思考怎么做才是真正为孩子好。是一纸文凭和技术更重要，还是培养孩子独立与自信，对自己负责更重要？我相信这其中的道理不言而喻。正如作者黛西在采访中国学生时得到的回答：没什么期待，也不知道该有啥期待。如果一个人从来就不曾有梦想，又谈何飘起梦想的彩云呢！

一把钥匙：出国前就把英语学好

很多学生表面上是出国了，但是从未到达彼岸，因为他们根本无法融入真正的美国大学生活。要想留学成功，英语就是一把利器，在国内就要把它磨锋利了！它是开启留学学习、生活、工作、未来的一把金钥匙……以前，我在谈论这点的时候，可能还有人在心底盘问：你们做英语培训的，当然这样跟孩子说。但是太多血淋淋的事实证明了这一观点，如今美国本土的一位大学在读学生黛西站在旁观者的角度，再次客观陈述这些事实："他们聚在一起，抽中国烟，说汉语。"甚至有学生说："有些美式笑话，我根本听不懂，就只能跟着笑。"中国学生初来乍到时，都挺兴奋的。但是，当他们在英语强化班呆上一年半载后，普遍有种挫败感。曾经有位海归给我留言：

"胡老师，看了您的博文，我获益匪浅又感慨万千。因为我就是个海带，身边准备出国的朋友也不少，但明白您说的那些道理的却少之又少。我不止一两次问过亲友，考雅思为的究竟是什么？真的作好出国准备了吗？得到的答复却是：先把雅思考过去，好办理签证，英语以后可以补。听到亲友们这么说，我只剩无奈。难道真的要出国后，才悔悟吗？真心期待胡老师能想出解决这种问题的办法，让这些人学会作正确的选择。"

中国家长和学生常常进入一个误区，以为到了国外，就自然而然能学好英语。其实不然，正如黛西所说："因为英语水平低，尤其是听力和口语太差，几乎所有的中国学生都需要读英语强化班，相当于正式开始专业学习前的预备课程。"这意味着，在真正开始大学学习前，他们不得不先在这个语言班里下点功夫。可能是一年，也可能是两年、三年才能通过这个强化班的重重关卡。要知道，在国外学习的成本是非常高的，为何不在国内就学好英语呢？

中国的教育需要守望者。所谓“守望者”，就是当大家都在往一个可能不正确的方向上跑的时候，要有人勇于站出来阻止、挽救他们！有的机构为了赢取商业利益，一味迎合学生对考试的表层要求，教学上治标不治本，学生学到的是考试技巧，英语技能并无实质性提高。新航道在寻找的“解决这种问题的办法”是“给你高分，更给你能力”，帮助中国学生回归语言学习本质，学好英语再出国，因为这是最符合外语学习和教学规律的理念，并且已经被无数成功案例所证实。一旦学生具备英语能力，那么考试高分自然是水到渠成，也只有这样，到了国外才能够自信、大胆地用英语进行有效交流。

一个原则：好孩子可以出国留学

我曾遇到过一个事业做得很大的家长，对我说：“胡老师，我把孩子交给您了。只要您帮我把孩子送出国，花多少钱都行。”我跟孩子沟通后，发现孩子不仅学习基础较差，身上还有很多坏习惯，如网瘾很大，经常通宵熬夜玩网游；自我控制能力很差，平时跟爷爷奶奶在一起生活也是衣来伸手饭来张口。试问这样的孩子，送到国外去，父母又怎能放心呢？这样的孩子，一定要把一些不良的习惯纠正过来，把学习基础打牢后才能考虑送到国外留学深造。

什么样的孩子适合留学？好孩子可以出国留学。什么样的孩子是好孩子？这里我们可以引入中国教育里的“三好”标准中的德、智、体三方面进行大致概括。德即指孩子在思想上的自强自立，有辨别是非和约束自我的能力；智即学习能力、自我激励能力与沟通能力；体可以理解为健康体魄和生活自理能力。有了这三个方面，那么孩子出国留学会变得更优秀！

外国的天空能不能飘起梦想的彩云？我想答案是肯定的，重要的是面对同样的一片天空，我们要作好迎接蔚蓝的准备。留学成功是大有人在的，关键是我们要树立一种认识，找准一个目标，拿到一把钥匙，坚持一个原则，那么留学成功绝不是梦！

英语主题口语学习法

英语主题口语学习法综合了听说教学法和交际教学法的长处，从学生使用和学习英语口语的角度出发，将日常生活情景融入到口语主题学习中，在一种纯英语轻松的环境中将语法学习、词汇和词组学习融合一体。

引言：截至2011年6月，由新航道英语主题口语课题研究组独创的英语主题口语学习法已经帮助数万名学员建立起了说英语的自信，学员们通过英语主题口语学习后，都能讲一口地道流利的英语。我们相信，万名学员所取得的成绩就是英语主题口语学习法的最好鉴证。为帮助更多的同学脱离英语口语学习的困境，同时也是为了促进英语教学和学习上的新突破，今天我们在这里与大家一起共同分享这一成果。

一、英语主题口语学习法提出的原因

1.现行语言学习方法在口语上的缺陷

目前，英语课堂上比较流行的外语教学方法，主要有听说法和交际教学法。

（1）听说教学法

听说教学法是以行为学为基础，鼓励学生通过重复记忆和培养语言习惯的形式学习外语，注重语言结构、形式，强调通过机械记忆掌握语音、句型、单词而达到“获得”的过程。以追求语言的准确性为主要目标。

在听说教学法中，新知识以对话的形式引入，通过“听”和“读”的方式学习语言，学生被要求重复并记忆固定搭配。该方法强调模仿正宗英语的发音，因此，经常要求学生们聆听和重复模仿正在学习的外语录音。学生通过重复模仿和训练，学习语法结构，而无需过多重视其内容或含义，在整个学习过程中，学生都是处于一种被动的接受状态。

这种教学方法，学生实践量少，实践时间短，实践范围窄；且方法机械、单调，学生易厌倦。同时学生试图与他人用英语对话时，死记硬背的句子或对白不一定能用得上。

例如，我们假设学生记住了下列对白：

A：Who is Cindy's husband?（甲：谁是Cindy的丈夫？）

B：Cindy's husband is Ron.（乙：Cindy的丈夫是Ron。）

学生们在什么场合才能用到这些句子呢？如果学生仅是记住了上述对白，那么想运用的话，他们必须具备以下条件：1）他们认识一对叫做Cindy和Ron的夫妇；2）别人要向他们提问对话中的第一句话。具备上述两条件的可能性很低。

现实中，学生们在应用语言的过程中，应该能进行创造性的练习，在既有的对话中，他们能够替换不同的姓名、单词和时态。例如，学生被问到“谁是Cindy的丈夫？”或者仅是“谁是她丈夫？”的问题时，他们应该可以用诸多不同的方式来作答。例如：

1）Cindy's husband is James.

辛迪的丈夫是詹姆士。

2）Her husband is James.

她丈夫是詹姆士。

3）James is her husband.

詹姆士是她丈夫。

4）He's her husband.

他是她丈夫。

5）That man over there is her husband.

那边那个人是她丈夫。

6）She doesn't have a husband.

她没有丈夫。

7）She used to have a husband, but she doesn't have one now.

她以前有丈夫，但现在没有了。

8）He's her fiance, not her husband.

他是她的未婚夫，而不是她的丈夫。

（2）交际教学法

交际教学法源于传统听说教学法不能使学生学会流畅和准确的外语。“流畅”即“能够轻松听懂并表达信息”；“准确”即能够“正确地”表述语言。它强调意思是最重要的，准确性应体现在语境之中，要围绕交际功能使用或练习语言结构，以追求流畅、熟练、得体、易被人接受的语言为基本的教学原则和主要目标。

与听说教学法不同，交际法强调“出错”是学习外语过程中很有价值的组成部分，如果学生害怕出错，就不能达到高水平的流畅。因此，该方式提倡流畅比准确更重要的理念。

当许多人通过“尝试”和“出错”的方式学习外语时，出错或犯错被教师解释为学生们在对语言进行验证。学生们通过这种验证掌握语言点，实现内在化（internalization）。可是，与此同时，教师确实需要采取一定的纠正措施以避免学生出现错误知识点的“固定化（fossilization）”。当学生总是一遍又一遍地重复同样的错误时，错误的语言点将会在学生的记忆中变得根深蒂固，这也就意味着学习者要花更多的时间来进行修正。

（3）两种学习法之间的对立

很明显，中国的英语教学课堂上充斥着相互冲突的教学理念。许多中国教师和学生倾向于使用听说教学法，而外教则推崇交际教学法。

中国的英语教师需要认识到不能只使用一种英语学习方法的事实。因为单一的方法难免有其片面性，会顾此失彼。当一种方法不灵时，需要及时更换其他方法。我们要记住，世界上，通过运用不同的学习理念，成功掌握第二门外语的人大有人在。

大部分英语教师认为，学好外语只有唯一的途径。在中国，许多外教提倡交际式语言教学法，包括为学生用英语进行交流提供便利。同时，许多中国国内的英语教师和学生热衷于听说法。不同学习模式之间的对立，不仅会挫伤学生的学习信心，还会让学生不知学习方向和重点，因此，有必要寻找一种折衷的办法。

2.口语学习和使用中面临的普遍问题

据了解，现今很多人在学习和使用英语进行交流过程中仍普遍面临着如下不同问题：学了很多年的英语但因为很少有机会去说，结果成了“哑巴英语”；因为口语很差，导致最后在雅思或托福中难以取得理想的分数，无法实现出国学习的梦想；因为平时缺乏练习，所以一旦需要表达的时候就吞吞吐吐、结结巴巴找不到词；即使是找到了能表达意思的词句也无法表达自己内心的真实意思，缺乏准确性；虽然通过了雅思或托福，在国外却无法理解英国人或美国人所说的话；还有的人因为无法在外企面试中说出一口流利的英语，导致与工作失之交臂……

英国语言学家威尔金斯（D.A. Wilkins）曾经说过："Without grammar very little can be conveyed, without vocabulary nothing can be conveyed."即“如果没有语法,可以表达的事物寥寥无几;但是如果没有词汇,就无法表达任何事物。”如上的普遍问题都凸显着词汇在口语中的重要性，词汇的贫乏导致在表达时找不到需要的词；词汇的不精准导致无法将内心的真实想法准确表达；因为掌握的词汇少，所以只能重复使用一个词来表达所有类似含义；熟练得体地运用俚语和俗语是语言高级水平者的必备特征之一，而在交流过程中我们时常因为对习语、俚语、俗语所知甚少，所以无法准确理解外国人所说的话。词汇是情感表达的载体，如果词汇没有了质量，那怎么能够准确表达出内心的真实情感呢！

而当我们努力地去提高自身的英语口语水平时，却又时常感觉到缺乏足够的口语练习对象、会因为害怕出错而羞于对话、面对那些毫无生趣的乏味的词汇、还有那一节节无聊的英语课……

过去，虽然我们也一直在苦苦地寻找一种快捷有效的学习方法，却总是一次又一次地会面临着如上的种种问题。语言作为一种交流的工具，如果说学了又不能在日常交流中使用，那就失去了原本的意义和价值。今天我们向广大英语学习者推荐一种新航道独创的全新的英语口语学习方法——“英语主题口语学习法（The FAST Approach）”。The FAST Approach即：The Four Age System Topic-based Approach.其中“Four Age System”指的是“Stone Age(石器时代)——Elementary（初级的）、Bronze Age(青铜时代)——Intermediate（中级的）、Iron Age(铁器时代)——Upper-intermediate（中高级）、Modern Age(摩登时代)——Advanced（高级的）”。相信它将有效帮助学习者脱离在英语使用和学习过程中面临的困境。

二、何谓“英语主题口语学习法”？

1.英语主题口语学习法的创新

（1）理念新颖。“英语主题口语学习法”是一种全新的英语口语学习方法，即通过运用一系列主题学习英语的理念，这种学习法综合了现行听说教学法和交际教学法的长处。该方法强调一种有意义的、沟通式的语言学习，鼓励学生在课堂上结合课文进行创造性的语言练习，不断复习学过的语言点，同时及时纠正学生在语言表达中出现的错误，以利于整个学习过程。它基于一系列适当的主题而制定教学提纲，通过实例说明语法规则和词汇在口语中的用法，用有趣的阅读材料提供丰富的交流主题、强调出口的准确和自然。而这些主题都紧贴时代，与我们的日常生活紧密相关，例如：友谊、网聊、家庭、旅游与酒店、爱好与闲暇时光、奥林匹克、国外学习/生活/旅游、音乐、艺术、报纸杂志和书籍、国家/城市及乡村、宗教信仰、社会问题、自然界、自然资源、法律等等。

（2）过程新颖。英语主题口语学习法主要有三个步骤。第一，选择和讨论一个能得到学生广泛参与的话题；第二，指导学生作重复性训练，主要是语音和语调；第三，进行词汇替换和语句控制训练，熟练掌握各新词汇和语句，做到流利表达。英语主题口语学习法要求为每一位同学提供资深外教进行专业严谨的入门分级测试，层层把关，对学生所处的口语水平阶段作出客观的评价，帮助同学们正确定位，制定出科学的口语学习计划。在主题口语学习后，我们还将对学习者进行结课测试：测试合格者颁发合格证书，成绩优秀者颁发优秀证书，持合格证书或优秀证书的学员可直接晋级参加下一阶段学习。

（3）规划科学。在英语主题口语学习法中，为确保每一阶段学习的学生能够有更多的机会和时间与老师进行互动交流，我们经过科学的验证后确定了每阶段班级的最大人数，作出了有差别有重点的区分。如在“石器时代”，由于学生们基础都比较薄弱，所谓“巧妇难为无米之炊”，因此我们主要侧重于学生基础知识的夯实，语言的基本表达。这时候在课堂上与老师的交流时间就适度地会少一些，因此人数也就适当多一点，最多人数为25人。越到后面，待学生们的基础扎实了，需要学习的基础知识相对较少了，这时我们就侧重于培养学生的语言表达和交流能力，课堂上需要与老师交流的时间和机会就越多，因此，为确保每个同学都有充分的交流和表达机会，班级人数也就适当减少一些，如在最后“摩登时代”最多人数为15人。无论是基础的夯实还是语言表达能力的培养，英语主题口语学习法在各个阶段都经过了科学合理的规划。

（4）思维新颖。英语主题口语学习课程，目的是帮助同学们在说英语时变得更加流利。我们坚信，只有通过大量的训练，才能说一口流利的英语，这就是用尽所有的机会去说英语。我们认为，学生们说出的英语取决于他们听到的英语——也就是说输出取决于输入。所以，尽可能跟英语国家的人交流，对于学生掌握外国人使用的词汇、他们使用的方法和正确发音就极为关键。这里共有100个不同的主题，每一课程会涉及到其中的一个主题，学生可以根据自身情况和兴趣对主题进行自主选择。

2.英语主题口语学习法的“金字塔”

我们将100个主题按照英语学习者所处的学习水平，大致分为四个不同级段：Stone Age(石器时代）40主题、Bronze

Age(青铜时代) 30主题、Iron Age(铁器时代) 20主题、Modern Age(摩登时代) 10主题。

英语主题口语学习法如同一个坚实的金字塔，各个阶段的主题设置和主题量都是遵循一个人类历史自然的发展规律，各阶段之间循序渐进、紧密相连。比如，在英语初级（Elementary）即Stone Age(石器时代)，我们设置了40个主题。除了主题本身的内容学习外，还有一个目的，就是此时学习者各方面的能力都比较差，因此要夯实学习者的基础，所以它所需要的时间也比较长，内容也比较多一些。依此类推，越到后面，同学们掌握的基础越扎实，学习的进度也就越快，学习的兴趣也就越浓，因为在学习过程中，你会发现自己的英语级别步步攀升，知识结构层层递进，学习提升越来越快，见到的效果也越来越明显。

针对不同的阶段，我们设置了相应的学习主题和学习内容，来帮助同学们更好更快地学习英语口语。如在“Stone Age（石器时代）”阶段设置的40个主题，是日常生活中最常见最常讨论的主题，我们主要的目的是让同学们掌握日常英语学习词汇和常用语法，能以简单句表达主要意图，具备以平稳语速准确地与外语人士完成交流的能力。而在“摩登时代”阶段，我们主要培养学生一种深入展开讨论主题的能力，让学生达到能与外界人士熟练沟通的水平。同学们可以根据自身具体情况进行课程的选择。不管同学们参加何种课程，所有课程都有一个相同点，就是：这些课程会不断地给予学生们用英语进行交流的机会。

就某一话题进行口语练习，对于学生们在谈论时做到流利是很重要的。在我们的英语主题口语课程中，学生们会学到谈论某一主题时所需要的词汇与习语以及英美人的使用方法。这样一来，学生们的词库，也就是词汇银行得到了提升，这一点是很关键的。正如英国语言学家威尔金斯（D.A. Wilkins）所说的那样，拥有大的词汇量对于英语学习是极其重要的，理论上讲，一个人的词汇量越大，他会感觉自己驾驭语言的能力越强。很多学生难以理解在口语考试中被问到的问题，都是源于他们的词汇量太少，没有扎实地掌握词汇知识及其正确用法。主题口语学习对帮助学习者扩大其词汇知识及词汇量意义重大，在主题口语课上，老师会帮助学生认识更多的词汇并且带领同学们一起现场演练它们，直到你能够熟练运用。

3.快乐体验英语主题口语学习法

在英语主题口语课堂上，我们的教师会首先介绍有用的新词汇，然后会给出有趣的问题进行讨论，并就该主题进行角色扮演，这样就使得学生们能够积极利用学到的知识。这样，当该话题再次被谈到的时候，学生们就能够做到准备充足，并且很流利地用英语进行交流了。

比如，在我们的电影主题课堂上，学生们可以学到关于电影类型以及其他与电影相关的英文名称。如：romantic-comedy浪漫喜剧片（简称rom-com）、thriller惊险片、fantasy幻想片、science fiction科幻片（简称sci-fi）、biopic名人传记电影片、costume-drama古装剧、western西部片、docu-drama文献记录片、screenwriter电影剧本作家、

cinematography电影摄影学。然后，学生和老师们会用英语讨论他们喜欢哪种类型的电影，最喜爱的演员和导演是谁。课堂上还会讨论诸如该不该买盗版DVD以及中国电影不够成功的原因之类的问题。在关于金钱和投资的课堂上，学生们会学习使用如下一些关键词汇：stocks股份、shares股票、bonds债券、the stock market股票市场、to be publicly listed上市、to speculate投机、venture capital风险资本、entrepreneur企业家、business angel投资天使。他们还会在课堂上学到常用的英语习语，比如：time is money时间就是金钱，money talks有钱能使鬼推磨，to be flat broke身无分文，it will cost an arm and a leg付出过高的代价，a hard time making ends meet入不敷出。之后大家会用英语讨论一个创业计划，确定他们的目标消费群体，提供何种服务，如何推销产品，以及公司的选址问题。他们会进一步讨论如果有10万元的投资金，他们会用于炒股，购买资产，还是开一个银行账户，或者购买黄金？在我们的体育主题课上，学生们会学到讨论诸如篮球、足球所需要的正确词汇。比如跑动传球（running the ball），或者任意球（free kick），然后练习用这些词汇来解释体育规则，或者讨论他们喜爱的运动员。

目前，在英语主题口语学习法中，有两本书帮助同学们通过主题口语学习提高英语口语。在Stone Age(石器时代)和Bronze Age(青铜时代)阶段，我们主要使用《英语情景口语100主题》和*Topic-English Workbook*这两本书，而在Iron Age(铁器时代）和Modern Age(摩登时代)，我们主要使用《60

堂英语情景口语必修课》，这些教材包含了要讲授的不同的主题，以及有用的词汇、发音练习、习语以及课堂上会用到的讨论话题和角色扮演活动。这样，学生们就可以提前作好课堂准备，并能在课堂口语练习中取得最大的效果。

三、英语主题口语学习法的七大优势

我们采用英语主题口语学习法，不只是因为它比传统的学习法更令人愉快和有趣，而是由于学术研究已经证明，这是学习语言尤其是口语的最有效的方式之一。用这种方式学英语有七大优势：

1.高效拓展并助你得体运用高频语汇

在英语主题口语学习法课程中，老师都会围绕主题将与之相关的一些词汇、词组、语言结构和表达法列举出来，然后一一进行讲解、举例练习。当同学们对这些词汇和表达法基本熟练后，通过讨论和问答对话，再引导同学们发散性的思维对主题进行词汇、表达法上的有效拓展，将与主题相关的词汇都尽可能多地联想、聚集起来，以进一步扩大同学们的词汇量，最后通过课堂的实践演练，帮助同学们得体熟练地运用这些词汇和表达法。例如：在奥运会主题上，同学们除了学习到spectator(观众)、water sport(水上运动)、track and field(田径赛)和各种比赛项目的说法外，老师还会带同学发散拓展一些高频词汇和词组如：奥运纪录（Olympic record）、世界纪录（World record）、主办城市（host city）、开幕式（Opening ceremony）、奖牌榜首位（Head the medals table）。最后课堂上还会通过角色扮演讨论自己喜欢的体育运动，为什么喜欢？最喜欢的体育明星是谁？等等问题。通过一系列的环节来帮助同学们掌握大量的词汇和表达法并达到熟练运用。

不管是在中国还是西方国家，传统的语言教学方式都强调语法规则，并做一些写作和翻译练习以检测你掌握的情况。然而，这些练习的实际作用可能与你进行有效交际所需要的英语差之千里。英语主题口语学习法强调在课堂上教授词汇比教授语法更重要，无需刻意地向学生教授语法知识，而是采取一种有目的的方式，集中在词汇的含义和语句的形态上，确保学生能够运用语法结构，并能得到教师及时纠正，让词汇和词组学习与语法相辅相成，在有效的时间里帮助学生高效拓展并得体地运用高频语汇。

2.通过切实的交流才会让你流利地表达

老师们知道，学习语法可以使我们的英语能力达到一个中等水平。但英语主题口语课程可以帮助学生通过“获得”的学习方式，使他们的英语技能达到一个更高的水平。学生们可以利用与学习汉语一样的方式，来改善他们的英语水平，也就是说，把他们放到一个时时处处都是英语的环境，不断地用英语进行实际的交流，因为只有大量的实际交流和表达才能达到流利。

英语主题口语学习法是建立在语言学习的交际理论基础之上的。在西方国家，交际法自20世纪60年代开始取代传统的教学方式，老师们也是从那个时候开始重新认识到，只学习语法并不能让学生们流利地使用外语。交际法将语言作为交流的工具，最关注语言的使用。该方法将重点放在人们每天听到的和需要表达的语言的使用上。比如，在传统教学方法的课堂上，你可能会学到“全球变暖”这一表达的含义，然后阅读一篇相关的文章。但在英语主题口语学习中，老师会问到学生们关于全球变暖的观点，他们看到了变暖效应的何种证据，而学生们会探讨是否且如何才能阻止这一效应。通过这种方式，他们真正做到了把英语当作一种交流观点的工具。这也让他们对语言的使用上升到更高的层次——不仅仅是用来完成单词或语法测试，而是像英语国家的人一样流利地使用。

3.完全“浸泡（Immersion）”到英语之中是很关键的

在英语主题口语学习法中，我们特别强调老师只能用英语跟学生交流。通过这种方式，学生们就能不断地用英语这种工具进行交流，而不只是在做练习的时候才会这样做。之所以采用这种课堂方法，是因为这种方法能够确保在两小时的课堂上，学生们会真正地听上两个小时的英语。如果一天上三次课，那么他们就能完全“浸泡”在英语环境中达六个小时。

学生们在英语环境中呆的时间长短，对于他们能否流利地使用英语是至关重要的。Krashen将此描述为语言学习中的“输入”。众多学术研究已经揭示了学生在语言学习上的“输入”与他们的外语表达技能之间的密切关系。

德国的一项名为“海德尔堡计划”的研究表明，意大利人和西班牙人与德国人在一起的空闲时间与他们的德语技能之间有0.64的比例关系。另外一项由美国大学讲师C. 梅森作的有关夏威夷的外国学生的研究发现，经过一个学期之后，尽管其中一组学生参加了定期的英语语言课程而另一组没有参加，但两组学生在英语学习上取得的进步并没有明显的差距。显然，这是因为两组学生在课堂外获得的英语“输入”是很接近的，同时也表明，这种“输入”比英语课更能促进他们在语言学习上取得进步。

由于英语主题口语学习法能够不断地向学生提供可以用英语进行听说的大量日常话题，犹如在现实生活中一样，所以它比其他的很多课程更接近那种课外学习的方式，同样也能带来更多的收益。

事实上，Krashen认为，尽管很多学生觉得学习语法很有用，但往往是用来教语法的语言才是更重要的，也是更值得去学习的。他说，当老师在课堂上用英语向学生们教授语法时，那些用来讲课的英语口语，比语法本身对学生们而言更为有用。既然如此，他指出：“老师和学生都认为，外语学习的进步取决于语法这一主题本身，但在现实中，他们的进步是来自教学的媒介，而非信息本身。任何吸引他们兴趣的主题，只要能让他们广泛地使用该语言，就都是好的主题。”这意味着，提供一些用英语讨论的有趣话题，是提高英语技能的重要因素之一。在我们的主题口语课堂上，老师们会努力提供给学生们一些有趣的话题、问题和角色扮演，以此希望最大程度地帮助学生们。

4.角色扮演和讨论为现实生活作准备

与其他学生一起进行角色扮演，是英语主题口语学习法的一个关键部分。通过模拟英美人面对的情景，学生会练习在现实中遇到同样情况时如何表达自己。比如，我们在课堂上的很多角色扮演游戏，会让学生们练习互相拨打商务电话，其他的游戏则问你有何创业的计划，或者讨论某人的个人问题。

我们的来自美国、英国、加拿大的英语老师，会认真倾听你说的话，并用一种很自然的方式教你如何探讨这些话题，而不会用教科书上的那些正式用语。他们会教你使用习语，这样你说英语的时候就显得更加自然，而不会像一个只从教科书进行学习的“外国人”。比如，很多中国学生学会了说“你的业余爱好是什么？”但是英美国家的人是很少这样说的，而是倾向于说：“你平时都做些什么？”或者“你对什么感兴趣？”

角色扮演还会帮助你自发地使用外语，训练你如何应对意外情况，而不是在一个既定和已知的情况下使用外语，因为这种情况只会在书本中出现，而且对于你应对现实情景毫无益处。

5.你感兴趣的主题会让你更有效率

英语主题口语学习法同样强调学生对课堂兴趣的重要性。大多数人都有这样的经验，就是当他们对一件事情感兴趣时，学习和记忆的效率就更高。所以，给学生们机会，让他们讨论自己感兴趣的主题，并进行角色扮演，是激励学习的最有效的方法之一。由于英语主题口语学习法的课程涵盖了100个涉及人生、社会、工作等众多方面的主题，所以总会有一些课堂让每个人都感兴趣，在每个主题中学生们都会学到关于这个主题的词汇、语言表达法、相关的习语，在情境中去领悟外国人的语言风格，学习起来更有效率。

6.轻松的氛围让你学习起来更有趣

正如在英语俱乐部里一样，老师在英语主题口语课上营造出一种轻松的氛围也是很重要的，这一点不同于传统课堂上的拘谨。学术研究已经证明，减少学生的焦虑有利于帮助他们更有效地学习。在英语主题口语学习课堂中，最多只会有25个学生，老师会给学生们很多用英语进行讨论和角色扮演的机会，这样由一两个或者三四个学生组成一个小组进行对话。这有利于让学生们放松，减少开口说话和担心犯错的焦虑。我们课堂上的很多话题和角色扮演也都很有趣，这也有助于让学生们放松。所有这些因素都有利于学生们的学习，让他们学得更有趣，说得更流利。

7.英美老师是你学习地道英语的关键

正如Krashen所说的："好的外语老师是那种提供'输入'，并能够在一种轻松的环境中使知识明白易懂的老师。"在我们的英语主题口语课中，老师是不可替代的一部分。他们均来自英语国家，他们讲授的正是自己正在说的语言。英语的变化速度很快，总有新词汇、新习语以及旧词新说的出现。传统教学模式中的教科书很快就变得过时了，而很多中国老师尽管可能出过国，但也是很久以前的事情，而且停留的时间很短。而这些来自美国、英国和加拿大的英语老师，会告诉你如何说一口地地道道的英语。他们还会解释，在写作中使用的英语和只能在口语中出现的英语有何区别，明白这一点对于流利地说英语是很关键的。另外，他们在文化上的知识和经验也是一笔财富，这些也会在课堂上传授给大家。

比如在出国留学的课堂上，老师们将解释中国学生会在英国或美国的大学里碰到哪些与国内不同的地方。举个例子，在英国，如果你的艺术课或人文课的论文能够达到70分，即使对于英国的学生来说，也是一个很不错的分数，而如果是中国的学生，那就更难以想象了。

由于英语主题口语学习法的老师来自英语世界的不同国家和地区，所以学生们会发现，这对于他们适应不同的口音并模仿他们的发音非常有用。很多计划到某一国家学习的学生会选择来自那个国家的老师的课，这有利于他们在出国之前就作好准备。

在英语主题口语课上，老师同样有很多有趣的人生故事，学生们也喜欢他们的幽默感，所以整个课堂很精彩。并且，由于是小班授课，学生们会有足够的机会问老师各种关于他们国家风土人情的问题，帮助同学们提前了解更多的国外生活。

总之，英语主题口语学习法综合了听说教学法和交际教学法的长处，从学生使用和学习英语口语的角度出发，将日常生活情景融入到口语主题学习中，在一种纯英语轻松的环境中将语法学习、词汇和词组学习融合一体，强调一种有意义的、沟通式的语言学习，让广大学习者说出流利的英语。我们相信，这种方法能够帮助那些专注的学生显著地提高他们的口语水平，让更多的中国学生在交流中真正获得这门语言，让英语真正成为未来工作、生活中一种交流的工具。

刻意练习学习理论

刻意练习不是让学生去做那些得心应手的事情，而是帮助学生寻找自身在学习上的弱项和短板，提出合适的解决方案，并去执行。

一只水桶能盛多少水，并不取决于最长的那块木板，而是取决于最短的那块木板。新航道个性化学习中心经过多年的教学实践，研究发现：要想快速有效地弥补这些“短板”，最有效的方法就是“刻意练习”。这一理论是新航道在长期的深入研究和实践过程中总结出来的，它结合了最早由美国著名学者安德斯·埃里克森博士和他的同伴提出来的刻意练习的概念，是在实践教学中不断地论证，从而总结出来的适合个性化学习的学习理论。

为什么我们需要刻意练习？

1.刻意练习是为了提高学习效率而被设计出来的

刻意练习具有明确的目标和计划，它是为提高学生学习效率而“被设计”出来的。我们发现，在学习过程中，老师往往能够看到一些学生看不到的方面。就像在下棋过程中，老师和学生看着同一个棋局，作为旁观者，老师能够很清晰地看到学生一直忽略的重要威胁。在学习上，作为当局者，很多学生没有注意和意识到的问题，老师就能够很容易发现，并且知道怎么才能有效地解决。因此，在整个刻意练习过程中，老师起着举足轻重的作用。每个学生的学习状况和优势、弱势都不一样。在初期，老师通过对每个学生现有的学习状况进行清晰、客观的观察，从而对症下药，设计最好的个性化的练习方法，以期快速提高学生的学习效率。大多数时候，学生受内、外各种环境影响，很难对自身的学习效果有一个清晰客观的认识。即使他们有所认识，也无法根据自身情况在短时间内设计出最好的练习方法，迅速走向高效学习的快车道。刻意练习就是帮助每个学生清晰确定自身需要改善的短板，针对某些特别的弱项进行练习，狠下功夫去提升它们，直到取得进步，然后再对其他方面进行练习。

2.刻意练习是一项需要重复很多次的工程

刻意练习和实战之间的最大不同就是有目的地高度重复。新航道个性化学习中心研究发现：最有效的刻意练习必须通过大量的重复。在学习上，简单的反复重复并不能使学生取得良好的学习成效。刻意练习强调，练习既要合理又要高强度。而大多数学生在平时的练习都无法达到这个标准，因为学生在练习中往往没有专注在任何特别的事情上。其次，在重复的数量上也有所欠缺。要想最终能够达到既定的学习效果，就需要重复不断地练习，直到达到单调乏味的程度。例如，很多人以为，仅仅抱着一个篮球每天去篮筐下面投，就是刻意练习，结果他们的水平并没有得到明显的提高。只有当你用指定的一个篮球，站在同一个点上投篮400次，在练习期间不断观察和调整，并且每次都练习上几个小时，这才是刻意练习。

3.刻意练习对学习结果的反馈是可持续得到的

只有反馈的练习才是有效的练习，没有反馈的练习，就像一根失去弹性的弹簧，毫无价值。如果学生在练习过程中看不到效果，得不到学习效果的反馈，那么最后极有可能导致学生不再进步，或者到后来学生自己都不在乎了。因为他们缺乏动力和激励。很多时候，学生自认为已经做得很好了，或者学生认为自己在某些方面已经可以做到游刃有余了，但是在客观上看来却并不是这样的。这种情况下，只有一直在旁边参与着整个练习过程的老师、教练或导师，能提供重要的反馈意见。也只有在个性化学习的环境下，学生才能够有足够的机会和时间得到这些真实的反馈。在整个的刻意练习过程中，新航道老师都会跟踪学生的练习进度，科学、客观地检测练习的效果，做到边练习边反馈，不断地改进。

4.刻意练习是体力与脑力的双重考验

刻意练习是有目的、有针对性的练习，这与大多数人盲目练习或者做全方位没有重点的练习有很大区别。首先需要学生做到脑力上的专注和集中；同时，刻意练习需要不断寻求和克服在练习过程中影响学习效率的种种因素，并尽最大努力改善它们，以达到最优。因此，刻意练习也是一项非常辛苦的体力劳动。这个工作量非常巨大，以致只有部分学生能长时间坚持下去。它是体力与脑力的双重损耗。因此在整个刻意练习过程中，个性化教学的老师会根据学生的练习进度和表现加以监督、鼓励和调整，帮助学生一起度过这个难关，争取让学生在最短的时间内达到练习的效果。因为决定他们练习时间长短的主要因素，是持续专注的能力，而不仅仅是时间在数量上的累积。

5.刻意练习是一个枯燥无味的过程

刻意练习不是让学生去做那些得心应手的事情，而是帮助学生寻找自身在学习上的弱项和短板，提出合适的解决方案，并去执行。这些弱项、短板是制约学生不断进步的重要因素，刻意练习将是一个痛苦艰难、枯燥无味的过程，而学生还必须不断地重复这一过程。每次重复之后，学生都要强迫自己去看到、或让别人告知自己，哪里没有做好，然后继续重复其中最痛苦和最艰难的部分，直到心力俱疲。而个性化教学的老师，就是督促学生去看到问题并告知学生，从而加以改进的那个人。很多学生都很难坚持这一过程，但新航道个性化学习中心多年的经验发现，那些一直坚持到最后的学生，就一定能够成功。想要改变学习中的短板，就必须这样刻意练习。试想，如果能够成就伟业的事情是简单、有趣的，每个人都能轻易完成的话，那么在学习上就不会有如此大的差异了。而正是这种难度和挑战，能把不同的学生明显地区别开来。

附一：作客北青大讲堂畅谈留学

为什么要留学？国际精英的标准是什么？想把自己培养成为怎样的人才？要作好哪些准备才能顺利留学？

现在，留学已经从以前的精英留学转变为“大众留学”，留学热潮更是一浪高过一浪。暑期长假的来临，使得家长和孩子开始奔波起来，紧锣密鼓地准备和演练，以便成功留学，大话留学季也随之而来。众所周知，国际化精英是当今潮流下的人才标准，留学是培养这种复合型人才的重要途径。然而，这样的大势所趋下，学生和家长更应该冷静思考分析，而不是盲从地跟风。为什么要留学？国际精英的标准是什么？想把自己培养成为怎样的人才？要作好哪些准备才能顺利留学？……带着这些广为读者关注的话题，本期“新英才”北青教育大讲堂邀请中国雅思之父、新航道国际教育集团总裁兼校长胡敏，以“如何成为国际精英”为主题为大家奉献一场精彩的留学讲座。

●德才兼备、擅于沟通是成为国际精英的关键

或许在一些人眼中，所谓国际精英应该是满嘴说英语，熟知

西方文化，在举止言谈中随时都会透露出一股欧美绅士风情的人。不过，在国际人力资源部的眼中，国际精英的三大新标准是：正直诚实、术有专攻和善于沟通。

对此，胡敏教授十分认可。他认为，第一，正直诚实讲的是做人之道，是中国传统思想中的“德”；第二，术有专攻讲的是做事之理，即有一技之长，是中国传统思想中的“才”；二者结合起来就是德才兼备。而当今，世界在一个国际化的时代，成为全球化的世界，在这种大的环境下，就要再加上第三个标准，即善于沟通。这个沟通不光是孩子和家长、亲朋好友的沟通，还指和他的老师、同学甚至在更大社交圈子里及国际平台上的沟通。

沟通需要语言，而英语则是全世界的普通话。新世纪的人才必须掌握一门外语，特别是英语，以实现无障碍的语言沟通。胡教授说，提到国际化，肯定要求人才掌握一门除母语之外的外语，要是不会说外国语言，很难做到国际化。市场需要的，是能适应国际化发展的具有较高外语水平的国际化人才，和语言条件相关联的，还有沟通和表达自我的能力，即使会多国语言，如果不知道怎么表达出最好的自己，也不能称之为国际化人才。

“因此，当我们说到要成为国际精英的时候，成为国际人才的时候，我们就会要强调拿世界现在通用的语言——英语来进行沟通，它是一种工具、有效的桥梁。但是现实情况往往是，现在很多孩子有追求、有想法，想成为国际精英，但是英语不过关，或者觉得英语过关就是国际精英，会外语就是国际人才。其实不是这样，国际精英，更具体地来说，是你要具备国际语言沟通能力，这是一个方面；另外，还有文化方面的沟通，表现在精神层面、传统文化、思维模式、交流方式等很多方面。”胡教授说。

留学是需要深思熟虑的人生选择

人生最难的不是奋斗，而是选择。对于留学，很多家长与孩子首先要面临的就是这样一个选择。留学的选择对人生来说都将是一个重大决定，它涉及个人和家庭的许多投入，包括时间、金钱、精力甚至情感，它关系到未来的学习、工作和私人生活，它又与前途和事业息息相关。所以常常有人问：我为什么留学？

提及留学目的，胡敏教授首先为大家分享了他的亲身经历：“阔别一载，朋友的孩子从美国回来与我吃饭。我问他在这一年有哪些收获，他快速地反馈给我说：‘第一，我学会了独立和自我管理；第二，我找到了自己的兴趣之所在；第三，我可以很好地融入到国际文化中，学会与来自不同国家、不同民族、不同文化、不同种族的各个方面进行有效和得体的沟通。”从他身上，我们可以看出，留学是帮助找到真我、挑战自我、实现理想的平台和机会。其实，每个人都应该有自己的留学目标，关键不在于问题是什么，而是内心究竟渴望什么样的答案，理想是什么？只有带着一种理想去留学，去学习，去追求，你才能真正有所收获！

谈到兴趣，胡教授又把话题转移到了中美的教育方式上。在美国高校，学生备受尊重，他们可以真正自由地选择所喜爱的专业、社团和活动，只要他愿意，可以在最短时间内修完学分，参加毕业典礼，还可以每学年都获得带薪实习的机会。而中国的学生经常迷失自我，面对不喜欢的专业，面对高考的失利，为了文凭，往往是只能将就四年，甚至一条道走到黑。因此，为了抓住机遇，更多的学生愿意去迎接新的挑战、跨出国门，享受世界最优质的教育资源。因为留学可以帮助回归自我、尊重自己的选择和感受。

其次，家长必须考虑的是，孩子适不适合出国？对于优秀的学生而言，出国留学会使他变得卓越；而对于坏习惯难改的孩子来说,. 送他出去就等于送他下地狱。作为家长，更多的是帮助孩子如何更好地作出正确的决定，是参谋，而不是帮孩子们“拿主意”。很多家长几乎很少花时间去了解自己的孩子真正的想法，甚至盲目跟随潮流。孩子是父母手中的风筝，家长在放高放远的同时，也要记得经常拉一拉线，及时与孩子沟通，听取和尊重他们的感受，而不是直接丢给培训机构，哪怕他彻夜不归，置之不理。

提及成功留学，胡敏教授认为，首先要注意几个方面，即“三早”。第一个“早”，是早决定。留学不是无路可走的最佳选择，也不是盲目跟风的愚昧之举，而应该是一种很早就埋在心中的理想。如果决定得太晚，就达不到好效果。第二个“早”，是早规划。一旦决定留学后，就要步步为营，朝着这个目标努力，无论是在语言方面还是文化方面，都要准备充足。最好分步来走。比方说，作为一个高中生准备留学，高一的时候应该做什么，高二的时候应该做什么，高三的时候怎么样才能达到你心仪大学的梦想。第三个“早”，是早行动。作决定，再规划，白纸黑字写下来，但是要真正变成一种行动，有行动才会有结果。

●留学之前作何准备？

如果世界上仅有一种方法能够成功，那一定是用心，留学也不例外。对于英语学习、标准化考试和综合测评这三大留学准备的必要条件，唯一的成功方法就是用心和专注。

作为中国雅思之父，胡敏教授首先为大家分享了英语学习的重要性和策略。“我经常在国外去看很多留学生，发现英语好的孩子脸上写着两个字——自信，英语不好的写着——郁闷。郁闷最后就变成抑郁、强迫，甚至崩溃和放弃。所以，对于英语，听不懂、写不出、看不明白的孩子，出国是没有意义的。”

关于英语学习，胡教授提出三点策略。第一个策略是重复，单词没记住重复不够，拼写错误重复不够。第二个是模仿，模仿、模仿，再模仿。模仿了发音，还要模仿句子是怎么写出来的。比如，邓小平的“发展是硬道理”，多年后胡锦涛改成“稳定才是硬任务”，这句话从语法、词法、词性上是跟前面对等的，是前面那句话派生出来的，语法功能上、句法功能上是一个新的内涵。这种模仿就是有意义的。还有第三个策略就是运用，要说，还要写。

除了英语过硬外，留学前还需要标准考试过关和综合能力的稳定。一方面，雅思或者托福是语言能力的证明，SAT是逻辑思维能力的证明，AP是学术研究能力的证明，这三个考试不是都要逐一攻克，学生可以根据自身条件和兴趣选择语言和课程。另一方面，综合能力指的是平时成绩、独立精神、领导能力、团队合作等素质。在未来的职业发展中，比专业技能、专业的学科知识更重要的是通用技能，如国际视野、语言能力、思维方式、社会实践能力、对多种文化的习得。

附二：胡敏的“求索感悟”

小时候，我特别着迷于《一千零一夜》中辛伯达7次航海的故事。每次出海，他都会在历经千难万险之后，满载着财富归来。按常理说，他每次收获的财富都足够他享用一辈子，但他为什么还要一次次出征呢？我想，在辛伯达终于年迈收山的时候，如果有人问他7次历险得到的最珍贵的财宝是什么，他肯定会回答：“一颗心。”人生的莫大喜悦，难道不是拥有一颗包容大千世界的心么？难道它不值得我们历尽艰险去获得么？

“求索感悟”是我在这些年中陆续写下来的。这里的文字往往闪现于某些非常的时刻，又在之后的岁月中沉淀下来，成为我的“航海日志”，我内心的珍藏。

1)一个人要想取得点成绩，你所从事的领域要么是别人做过的，你应想方设法比别人做得更好，要么是别人没有做过的，你必须重新开辟一个新的领域。

If you wish to achieve a certain degree of success, you

must strive to excel others who are working in the field you have devoted yourself to. If nobody is working in that field, you must make an extra effort to open up new territory.

2)在机会面前有五种人：第一种人创造机会；第二种人寻找机会；第三种人等待机会；第四种人错过机会；第五种人漠视机会。我们如果做不了第一种人，至少也要主动去寻找机会。

When it comes to opportunity, there are five types of people. One type creates opportunity. The second seeks opportunity. The third waits for opportunity to come. The fourth fumbles opportunity. The fifth ignores opportunity. If you can't be the first type of person, then at least try to be like the second type, and actively seek opportunity.

3)在任何时候，我都要求自己不要作无原则的攀比。如果比的话，一个前提，学别人的优点和长项，而不是跟人比具体的财富和智慧。多数时候，我只跟自己作纵向的比较，自己的今天和昨天相比是否有所进步，而明天是否会超越今天，永远挑战自己，超越自己。

I always make sure that I do not heedlessly compare myself with something beyond my reach. If I do make such a comparison, I make sure that I study that person's advantages and strong points, and not compare my situation with that person's overall talents and wisdom. Most of the time, I simply compare my own course of development: Have I made progress today compared with yesterday, and will I do better tomorrow than today? In this way, I continually challenge myself and surpass myself.

4)成功的人生如同登高，一步一步地拾级而上，这中间会有一个个关键的转折点。每当我们走了一段路碰壁了，这一个个转折点又把我们带上了一段段崭新的道路。有时候，转折点就存在于不经意的瞬间，而更多的时候，需要我们付出巨大的努力，人生轨迹才会出现转折。

Success in life is like climbing a height: It has to be done step by step. In the course of this there are certain crucial turning points. Every time we encounter a wall while walking along a stretch of road, we turn into a brand-new stretch of road. Sometimes, a turning point can appear out of nowhere, but most of the time in our lives turning points are only reached as the result of a great deal of hard work.

5)只要不因为失败而从此消沉，失败并不可怕。相反，年轻时的失败和挫折是一笔宝贵的财富。有了它，我们会深刻地体会到成功之路的崎岖坎坷，真正地考验自己持之以恒的毅力，更重要的是从中汲取继续奋斗的巨大动力。忍受失败是重新振作的力量源泉。

So long as we are not discouraged by setbacks, setbacks are not to be feared. On the contrary, setbacks and failures in one's young days are valuable treasures. We can understand how full of twists and turns the road to success is, and truly test our perseverance and determination. But even more important is that you will be able to draw on a gigantic driving force enabling you to struggle continuously. Being able to bear up under defeat is the source of the renewal of vigor and strength.

6)只有有危机意识的人才能生存、发展和壮大。

Only a person with a sense of crisis can survive, develop and grow sturdy.

7)许多人总是把双眼盯着远方的风景，却往往忽略了身边的精彩。

There are many people who, with their gaze fixed on the scenery in the distance, often fail to see the splendor that is right beside them.

8)在人生的任何一个角落都一样，想要别人倾听你的声音，就得凭实干取得业绩，凭实力引起注意。

In any walk of life, if you want other people to take

notice of you, you can only do it by relying on solid achievements and sound abililty.

9)永远保持18岁的心态，因为18岁有天真、淳朴、阳光的心灵，同时享有成年人的一切权利，还有对知识充满饥渴的大脑以及对生活、对未来的如火激情。

Always preserve the mentality of an 18-year-old, because at 18 you have an innocent, pristine and sunny spirit, and at the same time you enjoy all the rights of an adult. Besides, you have a brain with an overwhelming hunger and thirst for knowledge, and you have a burning enthusiasm for life and the future.

10)如果世界上仅有一种东西让你感动，那一定是真诚；如果世界上仅有一种方式能获得成功，那一定是用心。

If there is only one thing in the world that stirs your emotions, let that be sincerity.If there is only one way in the world that will enable you to achieve success, let that be diligence.

11)假如明天早晨醒来，突然发现我失去了一切，变得一无所有，但我坚信用我的智慧和双手一定能创造一切。

If I wake up tomorrow morning to find that I have lost everything, I will have the utmost confidence that I will be able to re-create everything, relying just on my wisdom and my two hands.

12)放下架子，永远虚心地向周围的人学习，得到实惠的是你自己。

Discard all conceit, and always be prepared to learn humbly from the people around you — you will be the one to benefit!

13)要学会放弃，要知道放弃的背后意味着什么。每一次放弃，一定是进一步地超越自我。

Learn to let go. Learn the meaning of letting go. Each time you let go, you are sure to come closer to self-fulfilment.

14)不要指望人生道路或事业的选择能一锤定音。也许你第一次选择时以为是那样，而选择后你发觉并非那样，这时你得果断地进行再次选择。“选择”本身不是唯一的，目标才是唯一的。

Don't expect the choices you make in your career or profession to be exactly right the first time. You might think you've made the right choice the first time, but later find out that it isn't so. In that case, you must revise your choice without hesitation. There can be more than one "choice", but only one goal!

15)与其固守包围圈内被世俗与庸碌舒服地蚕食，不如奋力一搏突围而出，去更新人生价值，提升事业品位。

Rather than comfortably nibbled away by conventions and commonplaces in a familiar environment, it is far better to struggle to break out of it, bring new value to your life, and raise your professional standing.

16)人生的道路是无限的，成功的定义是无限的，每个人的潜能也是无限的。只要我们相信自己，坚持自己，不断地创造和寻找机会，极限将被突破，卓越就在眼前，人生终将辉煌。

The road of life is endless. The definition of ambition is boundless. Each individual's potential is limitless. So long as we believe in ourselves, make ourselves firm, are continuously creative and are constantly on the lookout for opportunities, limits will be broken through, remarkable achievements will be made and life will become splendid.

17)我们每个人都有缺点和优点，我们千万不能用放大镜看别人的缺点，而应该拿放大镜看别人的优点。

Each one of us has merits and demerits. We should never use a magnifying glass to look at other people's faults; instead we should use a magnifying glass to view their strong points.

18)凭真诚与勤奋赢得尊重，用激情与理性打造未来。

Rely on sincerity and diligence to win respect. Use passion and rationality to forge the future.

19)开放的心态，快乐的心情，进取的精神，丰富的收获。

An open mind, a cheerful disposition, an enterprising spirit and a bountiful harvest.

20)选定方向，永不回头。

Choose your goal and never turn back.